**LE ROUX (J.-M.)**, ✻, Capitaine, ancien chef de bureau arabe.

Essai de Dictionnaire français-haoussa et haoussa-français, précédé d'un Essai de grammaire de la langue haoussa, *magana n haoussa*, renfermant les Éléments du langage parlé par les nègres du Soudan, accompagné d'une carte de l'Afrique septentrionale. 1 beau volume in-4°, cartonné. **15** fr.

**MACHUEL (L.)**, ✻, I. ✻, Directeur de l'enseignement public en Tunisie, ex-professeur d'arabe au collège arabe-français de Constantine, au lycée d'Alger et à la chaire publique d'Oran.

Une première année d'arabe. 2ᵉ édition, 1 vol. in-18, cartonné. **1** fr. **50**

Méthode pour l'étude de l'arabe parlé (idiome algérien); 4ᵉ édition, revue et augmentée. 1 vol. in-18, cartonné. **5** fr.

Grammaire élémentaire d'arabe régulier, contenant : *lecture et écriture, parties du discours, conjugaison, nom, genre, nombre,* etc. 2ᵉ édition, 1 vol. in-8°, cartonné. **5** fr.

Manuel de l'arabisant ou *Recueil de pièces arabes* (Première partie). Lettres administratives, judiciaires, politiques, etc. 1 vol. petit in-8°, cartonné. **6** fr.

Manuel de l'arabisant ou *Recueil de pièces arabes* (Deuxième partie). Actes divers pourvus de toutes les voyelles. 1 vol. petit in-8°, cartonné. **6** fr.

Les Voyages de Sindebad le Marin, muni de toutes les voyelles, accompagné d'un vocabulaire et de notes analytiques ; 2ᵉ édition. 1 vol. in-18, cartonné. **5** fr.

**AHMED BEN KHOUAS.**

Notions succinctes de Grammaire kabyle. 1 vol. in-32, cartonné. **1** fr.

# ÉLÉMENTS DU LANGAGE ARABE

## (DIALECTE ALGÉRIEN)

# DU MÊME AUTEUR

---

**Corpus des inscriptions arabes et turques du département d'Alger,** publié sous les auspices du Ministère de l'Instruction Publique. — Paris, Leroux, 1901. — 1 vol. in-8°...................... **12** fr.

———◆◈◆———

# ÉLÉMENTS

# DU LANGAGE ARABE

## (DIALECTE ALGÉRIEN)

PAR

## Gabriel COLIN

PROFESSEUR D'ARABE AU LYCÉE D'ALGER

CORRESPONDANT DU MINISTÈRE DE L'INSTRUCTION

PUBLIQUE

## ALGER

## TYPOGRAPHIE ADOLPHE JOURDAN

IMPRIMEUR-LIBRAIRE-ÉDITEUR

4, Place du Gouvernement, 4

## 1903

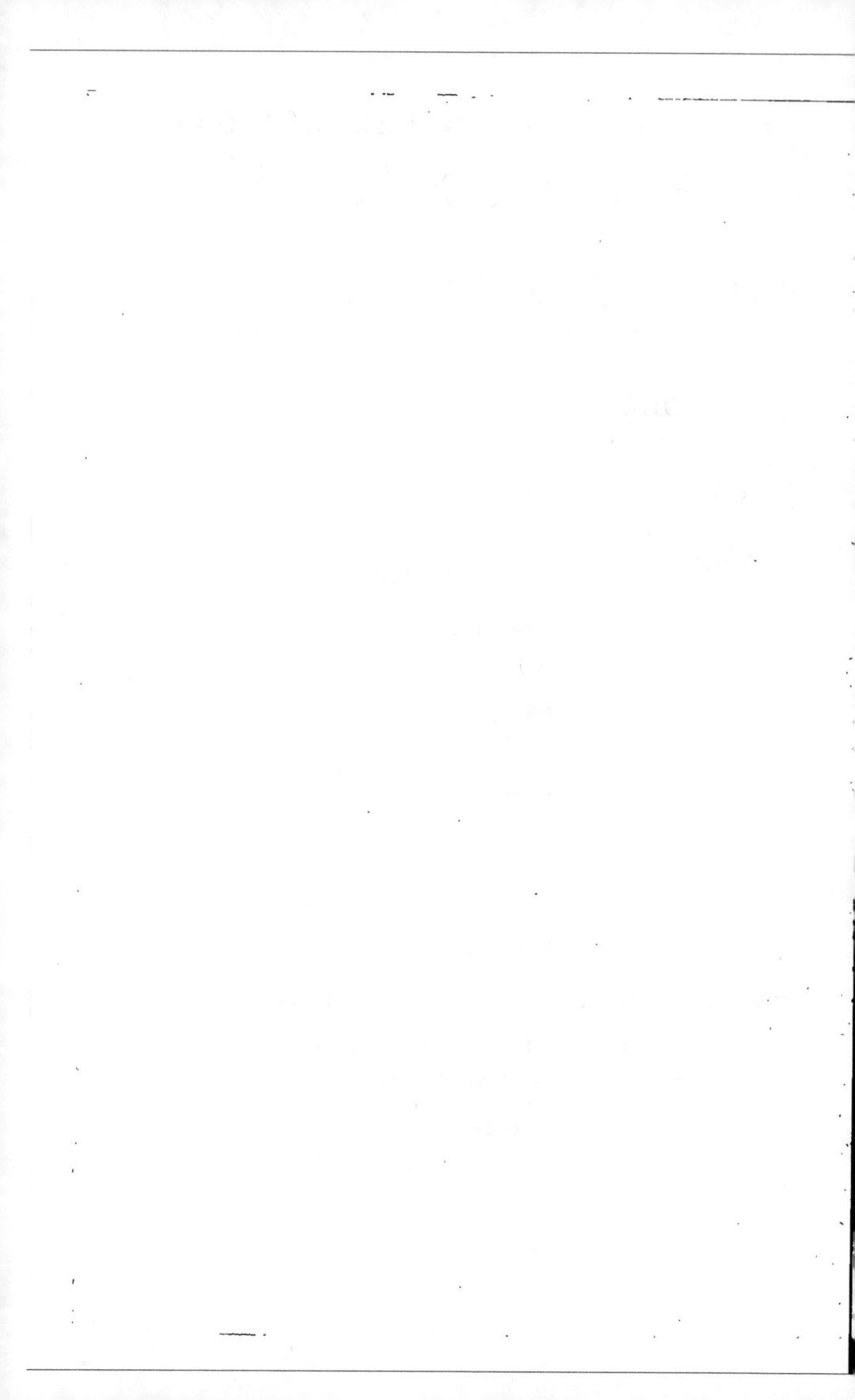

# A Monsieur le Général CAZE,

*Commandant le 19ᵉ Corps d'Armée.*

## Mon Général,

Le désir que vous avez manifesté de voir les Officiers placés sous votre commandement s'attacher à l'étude de la langue arabe, non moins que la bienveillante sollicitude dont vous avez honoré le cours que je professe depuis trois ans, pour seconder vos vues, au Cercle militaire d'Alger, m'encouragent à vous dédier ce modeste livre. En le plaçant sous votre haut patronage, j'espère aussi marquer mon attachement à cette glorieuse armée d'Afrique où, depuis l'année 1830, tous mes parents ont porté l'épaulette, et où j'ai rencontré de si précieuses sympathies.

Veuillez agréer, mon Général, les assurances de mon plus respectueux dévouement.

GABRIEL COLIN.
*Capitaine au 1ᵉʳ Bat. territ. de Zouaves.*

# PRÉFACE

On sait que la langue arabe présente deux
formes sensiblement différentes auxquelles les
maîtres de l'orientalisme ont jadis appliqué les
dénominations heureuses d'arabe littéral et
d'arabe vulgaire.

L'arabe littéral est celui des écrits : les musul-
mans considèrent le Qorân comme le type le
plus pur de cette langue. Dans leur conception
religieuse, le livre sacré contient la parole
même de Dieu, révélée au prophète Mohammed
par l'intermédiaire de l'ange Gabriel. Aussi, bon
nombre des exemples de syntaxe, sur les points
les plus délicats, sont empruntés au Qorân

Malheureusement, la complication de la grammaire, l'immense étendue du lexique, les lacunes d'une écriture qui trace seulement les consonnes et laisse à la charge du lecteur le rétablissement des voyelles, sont autant de difficultés capables de décourager les plus studieux.

Mais à côté de cette forme savante et immuable, il en est une plus simple et plus flexible, l'arabe vulgaire, désigné sous le nom de *melhoûn*, langue parlée non seulement par les gens du peuple, mais encore par les grands personnages, et par les savants eux-mêmes en dehors de leur chaire d'enseignement.

On n'écrit jamais en arabe vulgaire. A la vérité plusieurs ouvrages d'une utilité incontestable ont été publiés dans cet idiome par des Français ; mais ils s'adressent uniquement aux Européens et font sourire les Arabes. D'ailleurs, il faut bien avouer qu'on ne peut guère les utiliser sans le secours d'un professeur ou les conseils

d'un indigène, à cause de l'absence de voyelles.
Voudrait-on, au prix de grands sacrifices, doter
chaque consonne de la voyelle qui l'affecte qu'on
n'arriverait pas à des résultats plus heureux ;
car on accoutumerait l'étudiant à une vocalisa-
tion qui, correcte dans le langage, est incorrecte
dans la lecture. Aussi bien, les auteurs ont
nettement compris l'insuffisance de l'écriture
arabe pour reproduire d'une façon fidèle les
sons de la langue parlée, puisque les plus intran-
sigeants ont eu soin, même en des points avancés
de leurs méthodes, d'éclairer cette notation par
une transcription française.

C'est pourquoi des esprits loyaux ont tenté, à
plusieurs reprises, de faire comprendre au public
qu'il faisait fausse route en s'imaginant qu'il
suffirait de combiner la pratique du langage et
l'étude de l'écriture arabe pour se mettre en
état de déchiffrer une simple lettre missive. Si
la chose était possible, presque tous les musul-

mans sauraient lire et écrire, puisque tous ont
eu devant les yeux les caractères de l'alphabet
pendant leur séjour à l'école coranique, après
avoir sucé avec le lait la connaissance de la
langue maternelle. Or c'est un fait incontestable
que l'immense majorité des indigènes algériens
sont illettrés en arabe et qu'ils arrivent bien
plus vite et bien plus aisément à lire le
français qu'à déchiffrer l'idiome de leurs ancê-
tres.

Fort de cette constatation que les personnes
désireuses d'apprendre à parler préfèrent l'emploi d'une transcription à l'étude ingrate d'une
orthographe arabe frelatée, j'entrepris, dès
l'année 1900, à l'intention des officiers de la
garnison d'Alger, un cours d'arabe vulgaire
dont l'effectif est allé toujours croissant. Une
séance suffit pour l'exposé de l'alphabet ; dès la
seconde réunion, les auditeurs furent en état
de lire instantanément tous les mots écrits au

tableau et de les reproduire sur le papier pour les revoir ensuite à loisir.

Ce petit livre est la mise au point des notes dictées depuis trois ans dans mes conférences du Cercle militaire. Quelques-uns des officiers qui les ont suivies ont bien voulu m'affirmer que ces notions élémentaires méritaient d'être imprimées et que leur diffusion pouvait rendre quelques services : c'est à cette opinion flatteuse qu'elles doivent d'avoir vu le jour.

Les *Éléments du langage arabe* s'adressent donc surtout aux adultes, à ceux qui, accoutumés à la réflexion et au travail personnel, s'énervent dans le piétinement qu'imposent les méthodes enfantines, et préfèrent, au prix d'un effort plus énergique, dominer du premier coup l'ensemble d'un système. Les officiers, les fonctionnaires civils, les colons, les médecins, les touristes y trouveront tout ce qu'il est nécessaire de savoir pour comprendre la structure d'une

phrase arabe : l'usage leur apprendra le reste.
Ils ne devront pas perdre de vue, en effet, qu'il
s'agit d'un idiome parlé et que la conversation
est ici le meilleur des maîtres pour la voix
comme pour l'oreille.

Frappé de ce fait que les Arabes illettrés
arrivent à conjuguer un verbe quelconque sans
en connaître l'orthographe, j'ai imaginé pour
chaque espèce de verbes, à côté de la définition
grammaticale, un procédé qui permet de les
classer d'après leur son et de fixer ainsi la conjugaison qu'ils doivent suivre. C'est là un
système nouveau et purement phonétique :
j'espère que sa hardiesse trouvera une excuse
dans les résultats pratiques auxquels il conduit.

L'exposé de la grammaire est suivi de plusieurs
listes de mots rangés par catégories. Loin de
moi la pensée d'avoir voulu présenter un vocabulaire que l'abondante synonymie de la langue
arabe condamnerait à rester incomplet : j'ai

seulement essayé de fournir au lecteur quelques éléments pour la construction des phrases qu'il désirerait s'exercer à former. Enfin, j'ai ajouté certaines questions qu'un voyageur peut avoir à poser à son guide pour se renseigner sur la nature des pays qu'il traverse.

Le format réduit de ce petit livre dit assez qu'il est comme le *vade-mecum* de l'arabisant. Mon éditeur, M. Adolphe JOURDAN, l'ami de tous les progrès, n'a pas hésité à mettre ses presses à ma disposition pour en assurer la naissance qu'il a tenu à entourer de soins minutieux. Je suis heureux de l'en remercier ici très cordialement, en souhaitant que le public algérien tire quelque profit de nos communs efforts.

Alger, le 1ᵉʳ mai 1903.

Gabriel COLIN.

# ERRATA

| | AU LIEU DE : | LIRE : |
|---|---|---|
| P. 8, l. 15 | Quand | Quant |
| P. 33, l. 2 | *serír* | *serér* |
| P. 54, l. d. | **ne**ḱâf | **ne**ḱáf |
| P. 69, l. 14 | *ymchi* | *ymchî* |
| P. 77, l. 10 | acceptation | acception |
| P. 93, note (1) | *Kîmâ* | *Kîmâ* |
| P. 104, l. 14 | Fehal | Fehal |
| P. 118, l. d. | Wàlef | Wàlef |
| P. 119, l. 2 | Râouel | Râouel |
| P. 121, l. 13 | Kemmem | Kemmem |
| P. 128, l. 13 | makzen | makzen |
| P. 129, l. 1 | hâkem | hâkem |

P. 59, l. 11     ajouter : (plur. com.)

# ÉLÉMENTS DU LANGAGE ARABE

## (DIALECTE ALGÉRIEN)

## NOTA

Le système de transcription adopté pour ce petit manuel a été combiné de manière à pouvoir être appliqué dans l'écriture cursive aussi bien que dans l'impression. C'est pourquoi on a écarté l'usage des caractères gras ou pourvus d'accents : les uns, en effet, ne peuvent être reproduits dans l'écriture manuscrite, et les autres interrompent d'une façon déconcertante le cours de la lecture. Exception a été faite pour le ᶜ*ain* qu'on a noté conformément aux traditions européennes : sa représentation par le *c* renversé (ɔ) qui avait été proposée par quelques arabisants le ferait confondre avec l's dans les manuscrits.

# ALPHABET

| NOMS des LETTRES | FIGURATION | VALEUR | OBSERVATIONS |
|---|---|---|---|
| *Hamzà* | ʾ | (Hiatus). | Lunaire. |
| *Bâ* | *B* | *B* français. | Lunaire. |
| *Tâ* | *T* | *T* français, | Solaire. |
| *Ṯâ* | *Ṯ* | *Th* anglais fort. | Solaire. |
| *Jîm* | *J* | *J* ou *Dj* français. | Lunaire. |
| *Ḥâ* | *Ḥ* | *H* très fort. | Lunaire. |
| *Ḳâ* | *Ḳ* | *Ch* allemand dur (dans *nach*, *doch*). — *J* espagnole. | Lunaire. |
| *Dâl* | *D* | *D* français. | Solaire. |
| *Ḏâl* | *Ḏ* | *Th* anglais doux. | Solaire. |
| *Râ* | *R* | *R* lingual français. | Solaire. |
| *Zâ* | *Z* | *Z* français. | Solaire. |
| *Sîn* | *S* | *S* français dur (dans *sec*). | Solaire. |
| *Chîn* | *Ch* | *Ch* français (dans *cher*). | Solaire. |
| *Ṣâd* | *Ṣ* | *S* emphatique. | Solaire. |
| *Ḍâd* | *Ḍ* | *D* emphatique. | Solaire. |
| *Ṭâ* | *Ṭ* | *T* emphatique. | Solaire. |

| NOMS des LETTRES | FIGURA- TION | VALEUR | OBSERVA- TIONS |
|---|---|---|---|
| Dâ | D̩ | *Th* anglais doux emphatique. | Solaire. |
| aïn | ʿ | Contraction gutturale sans équivalent. | Lunaire. |
| Raïn | R | *R* grasseyé français. | Lunaire. |
| Fâ | F | *F* français. | Lunaire. |
| Qâf | Q(G) | *K* très guttural (*G* dur, dans le Sud). | Lunaire. |
| Kâf | K | *K* français. | Lunaire. |
| Lâm | L | *L* français. | Solaire. |
| Mîm | M | *M* français. | Lunaire. |
| Noûn | N | *N* français. | Solaire. |
| Hâ | H | *H* aspiré français. | Lunaire. |
| Wâw | W, Ou | *W* anglais, *Ou* français. | Lunaire. |
| Yâ | Y, I | *Y, I* français. | Lunaire. |

# REMARQUES SUR L'ALPHABET

Certains grammairiens arabes mettent en tête de l'alphabet, à la place du *hamzà*, un caractère nommé *alif*. Mais l'*alif* n'a pas de son par lui-même et aucune valeur fixe ne saurait lui être attribuée. On se bornera donc à employer la transcription qui conviendra le mieux dans les différents cas, sans entrer dans des subtilités orthographiques qui n'ont rien à faire ici. Le *hamzà* lui-même ne sera noté que dans les cas fort rares où l'arabe vulgaire lui conserve sa valeur au milieu des mots ; quand il est placé en tête, il est toujours affecté d'une voyelle qui sera seule conservée dans la transcription ; quand il est final, il reste muet.

L'alphabet arabe ne contient que des consonnes.

Les voyelles employées ici sont celles de l'alphabet français [1]. Lorsqu'elles sont longues en arabe, elles reçoivent dans la transcription un accent circonflexe : mais il faut les prononcer en les prolongeant et non en les ouvrant davantage. Ainsi l'*â* du mot *bâb* ne doit pas prendre la valeur de celui de *bâton* ; on doit le faire entendre comme celui de *ballon*, en lui donnant une durée sensiblement plus longue.

Le signe *à* répond à un *a* plein (comme dans « bas »). Quand un substantif terminé par cette lettre est suivi d'un complément nominal, on fait entendre après elle un *t*, et l'on abrège l'*a* de façon à lui donner le son d'un *è* ou même d'un *e*.

---

[1] La voyelle de la transcription est celle qui reproduit avec la plus grande approximation la prononciation arabe ; il ne faut donc pas essayer d'y voir la voyelle grammaticale de l'arabe littéral.

Ex. : *Gandoûrà* = une chemise ;

*gandoûrèt el-ᶜ asker* = la chemise du soldat.

Il importe de remarquer qu'il n'y a pas de diphtongues nasales en arabe : *an, in, oun*, devront donc se prononcer comme *ane, ine, oune*. Aucune lettre ne reste muette ; aussi le *t* final doit-il toujours être articulé.

On appelle lettres solaires celles qui, placées au commencement d'un mot et précédées de l'article, s'assimilent le *lâm* de cet article.

Ex. : *Ech-chems* = le soleil (et non *el-chems*).

Cette catégorie comprend les dentales, les sifflantes, et les liquides à l'exception du *mîm*. Les autres lettres sont dites lunaires : devant celles-ci, l'article *el* conserve sa prononciation.

Ex.: *El-qemar* = la lune (et non *eq-qemar*).

Si l'on passe en revue l'alphabet, on constate qu'il présente seulement dix articulations nouvelles pour un Français, ce sont : *ṭâ, ḥâ, ḵâ, ḏâl, ṣâd, ḍâd, ṭâ, ḓâ,* *ᶜaïn, qâf* [1]. Encore faut-il remarquer que, dans les pays barbaresques et particulièrement en Algérie, le *ṭâ* se confond souvent avec le *tâ* (*t* français) ; le *ḏâl*, avec le *dâl* (*d* français) ; le *ḓâ*, avec le *ḍâd* (*d* emphatique). Ainsi le nombre des signes nouveaux vraiment nécessaires se trouve réduit à sept ; on n'a indiqué, dans l'alphabet, le *ṭ*, le *ḏ* et le *ḓ* qu'en

---

[1] Il n'y a pas lieu de considérer comme nouvelles les articulations du *râ* et du *ṛaïn* : le premier est l'r roulé des Méridionaux et des tragédiens ; le second est l'r guttural des Parisiens, des Provençaux, et des citadins de toute la moitié septentrionale de la France.

vue des cas où ces lettres pourraient avoir conservé, dans le langage, leur exacte valeur. On se conformera, en toutes circonstances, à la prononciation usuelle, sans tenir compte de l'orthographe de l'arabe littéral.

Pour faire entendre les lettres emphatiques *s*, *d*, *t*, *d*, il suffit de prononcer les lettres douces correspondantes *s*, *d*, *t*, *d*, en enflant la bouche de manière à lui donner une résonnance plus marquée.

Le ʿ*aïn* est produit par une contraction du gosier analogue à celle que l'on provoque en avalant brusquement à vide. Quand au *qâf*, il est assez voisin du *k* français ; mais il doit prendre naissance dans l'arrière-gorge et simuler l'explosion d'une petite bulle d'air au sortir du larynx [1].

---

(1) Chez les Arabes du Sud, le *qâf* a le son du *g* dur français, comme dans « gaz » ; il con-

On ne pourra guère donner à ces deux derniers signes leur véritable valeur qu'après les avoir entendu prononcer par un indigène ou par une personne parlant bien l'arabe.

Les diphtongues *ey, ay* doivent toujours être prononcées comme dans le français *pays, rayer*, etc.

## ARTICLE

L'article est *el* ; il est invariable. Quand le mot précédent est terminé par une voyelle, on supprime l'*e* initial.

Ex. : *Doroboû 'l-ᶜ aoud* = ils ont frappé le cheval,

ᶜ *andèk chy 'l-ketâb* = as-tu le livre ?

serve cette valeur pour certains mots chez les citadins. Quand le *g* est employé dans la transcription, il faut avoir soin de ne pas l'adoucir et de le prononcer comme dans « guérite », quelle que soit la voyelle qui le suit.

Les partitifs *du, de la,* sont remplacés en arabe par l'article défini quand ils précèdent les noms de choses qui se comptent par quantité et non par unité.

Ex.: *Tehabb chy 'l-koubz* = veux-tu du pain?

*ᶜandho 't-teben* = il a de la paille.

## PRONOMS AFFIXES

### Singulier

| | | | |
|---|---|---|---|
| 1re personne | | | *y* |
| 2e | — | | *èk, ak* [1] |
| 3e | — | masc. | *ho* |
| 3e | — | fém. | *hâ* |

### Pluriel

| | | |
|---|---|---|
| 1re personne | | *nâ* |
| 2e | — | *koum* |
| 3e | — | *houm* |

(1) Il faut remarquer qu'en arabe, on emploie toujours la 2ᵉ personne du singulier quand on s'adresse à une seule personne.

Les pronoms affixes se placent après les mots qu'ils déterminent et font corps avec eux.

Joints aux verbes, ils traduisent les pronoms personnels compléments directs du français.

Ex. : *dorobho* = il l'a frappé (il a frappé lui).

Joints aux prépositions, ils traduisent les pronoms personnels compléments indirects du français.

Ex. : *tekellem ma.ᶜak* = il a parlé avec toi.

Joints aux substantifs, ils correspondent aux adjectifs possessifs du français.

Ex. : *ketâb* = un livre ; *ketâby* = mon livre.

*Remarques.* Un mot ne peut jamais être, en même temps, précédé de l'article et suivi d'un pronom affixe.

Lorsque le pronom affixe de la 1<sup>re</sup> personne du singulier est joint à un verbe,
on le prononce *ny* et non *y*.

Ex. : *dorobny* = il m'a frappé (et non
*doroby*).

Si ce même pronom est joint à une
préposition ou à un substantif terminé
par une voyelle, on le prononce *ya*.

Ex. : *koûya* = mon frère ; *biya* = avec
moi.

Le pronom *ho* joint à un mot terminé
par une voyelle se prononce comme une
simple aspiration ; le pronom *èk*, dans
les mêmes circonstances, prend seulement
le son d'un *k*.

Ex. : *doroboûh* = ils l'ont frappé ;

*doroboûk* = ils t'ont frappé.

(au lieu de *doroboûho, doroboûèk*).

## PRONOMS SÉPARÉS

Les pronoms séparés correspondent aux pronoms personnels sujets du français.

*Singulier*

| | | |
|---|---|---|
| 1ʳᵉ personne | | *anâ* |
| 2ᵉ — | masc. | *enta* |
| 2ᵉ — | fém. | *enti* |
| 3ᵉ — | masc. | *houwa* |
| 3ᵉ — | fém. | *hiya* |

*Pluriel*

| | | |
|---|---|---|
| 1ʳᵉ personne | | *ahnâ* |
| 2ᵉ — | | *entoum* ou *entoumâ* |
| 3ᵉ — | | *houm* ou *houmâ* |

### VERBE « AVOIR »

Il n'existe pas de verbe arabe qui traduise exactement le sens de « avoir ». Pour rendre cette idée on se sert de la préposition ᶜ *and* qui signifie « chez », et à laquelle on joint les pronoms affixes. On dit donc :

ᶜ *andy* = j'ai, ᶜ *andèk* = tu as, ᶜ *andho* = il a, ᶜ *andhâ* = elle a, ᶜ *andnâ* = nous avons, ᶜ *andkoum* = vous avez, ᶜ *andhoum* = ils *ou* elles ont.

Ces mots correspondent au présent du verbe avoir.

Pour exprimer le passé, on fait précéder chacun d'eux de *kân* [1] si l'objet possédé est du masculin singulier, de *kânet* s'il est du féminin singulier, et de *kânoû* s'il est du pluriel. Mais on peut aussi employer *kân* dans tous les cas.

Ex. : *kân* ᶜ *andy diyâr* = j'avais (*ou* j'ai eu) des maisons.

___

(1) La conjugaison du verbe *kân* (= il a été) est indiquée plus loin comme exemple du verbe concave.

S'il s'agit de rendre le futur, on met de même, avant chacun des mots, *ykoûn* pour le masculin singulier, *tekoûn* pour le féminin singulier, et *ykoûnoû* pour le pluriel. On peut, ici encore, employer *ykoûn* dans tous les cas.

Ex. : *kîf ykoûn ˁandy 'd - drâhem* = lorsque j'aurai de l'argent.

### DE L'EXPRESSION *rany*

En construisant le mot *ra*, qui correspond à l'impératif « vois », avec les pronoms affixes, on exprime le présent du verbe être. On dit : *rany* = je suis, *rak* = tu es, *rah* = il est, *rahâ* ou *rahy* = elle est, *ranâ* = nous sommes, *rakoum* = vous êtes, *rahoum* = ils *ou* elles sont.

A la 2ᵉ pers. du fém. sing., on dit *raki* ; à la 3ᵉ pers. du fém. sing., la forme *rahy* est la plus usitée.

On se sert aussi, pour rendre le présent du verbe être, des pronoms séparés.

Ex. : *rany meréḍ* ou *anâ meréḍ* = je suis malade.

*rak ᶜâlem* ou *enta ᶜâlem* = tu es savant.

Il faut aussi remarquer qu'on supprime le verbe être au présent toutes les fois qu'il n'est pas nécessaire à la clarté de la phrase.

### PRONOMS ET ADJECTIFS DÉMONSTRATIFS

Pour désigner les objets rapprochés on se sert des mots :

*hâdâ*      =   celui-ci *ou* ceci
*hâdî*      =   celle-ci
*hâdoû*     =   ceux-ci *ou* celles-ci

En parlant des objets éloignés, on emploie :

*hâdâk* = celui-là *ou* cela.

*hâdîk* = celle-là

*hâdoûk* = ceux-là *ou* celles-là

Les mêmes mots servent d'adjectifs démonstratifs ; dans ce cas, le substantif qu'ils accompagnent prend l'article, et les pronoms désignant les objets rapprochés se prononcent uniformément *hâd*, s'ils précèdent celui-ci.

Ex. : *hâd er-rajel* = cet homme ;

*hâd el-merà* = cette femme ;

*hâd el-kêl* = ces chevaux.

Mais on prononce : *ed-dâr hâdî* = cette maison ; *el-ᶜaoud hâdâ* = ce cheval ; *en-nâs hâdoû* = ces gens.

### PRONOMS POSSESSIFS

Pour traduire les pronoms possessifs, on se sert des pronoms affixes que l'on

joint soit au mot *mtâ*ᶜ (= bien, propriété),
soit au substantif que remplace le pronom
possessif et qu'il faut alors répéter dans
la phrase arabe.

Ex. : *hâd el-ᶜaoud mtâᶜy* (ou : *hâd
el-ᶜaoudᶜaoudy*) = ce cheval est le mien.

### PRONOM RELATIF

Le pronom relatif est *elly* [1] ; il reste
invariable quels que soient le genre et le
nombre de son antécédent. Il a toujours
la même forme, qu'il soit sujet ou complément de la phrase relative. Mais s'il
est complément, on place après le verbe
de la proposition relative un pronom
affixe de même genre et de même nombre que l'antécédent, en le joignant à ce

---

(1) Quand le mot précédent finit par une
voyelle, on prononce *'lly*, en élidant l'e initial
comme dans l'article.

verbe directement s'il est transitif, et par l'intermédiaire d'une préposition s'il est intransitif.

Quand l'antécédent est indéterminé, on n'exprime pas le pronom relatif.

Exemples du relatif sujet :

*Chouft er-rajel elly jâ* = j'ai vu l'homme qui est venu.

*Chouft rajel jâ* = j'ai vu un homme qui est venu.

Exemples du relatif complément direct :

*Aᶜ tiny 'l-koubz elly jâbho* = donne-moi le pain qu'il a apporté.

*ᶜAndy koubz jâbho* = j'ai un pain qu'il a apporté.

Exemples du relatif complément indirect :

*Jib ly 'l-ᶜ asâ 'lly dorobthoum bihâ =* apporte-moi le bâton avec lequel je les ai frappés.

*Jib ly ᶜ asâ nedrobho bihâ =* apporte-moi un bâton avec lequel je le frapperai.

La construction de la phrase relative est invariable ; les éléments de jonction se présentent toujours dans l'ordre suivant : 1º antécédent ; 2º pronom relatif ; 3º verbe de la proposition relative.

Le pronom relatif peut servir à la fois d'antécédent et de relatif et prendre le sens de « celui qui ».

Ex. : *Elly yktem serrho ynâl merâdho =* celui qui cache son secret atteint son but.

On peut aussi, en pareil cas, employer le pronom *men*, qu'il ne faut pas confondre avec la préposition signifiant « de » ou « par ».

## NÉGATION

Pour rendre la négation, on met *mâ*
devant le mot sur lequel porte la négation. On ajoute généralement aussi après
ce mot le substantif *chy* (= chose) qui
joue le même rôle que « pas » ou « point »
en français. Mais cette addition n'est pas
de rigueur ; et l'on doit s'en dispenser
dans les phrases contenant le mot *hatta*
qui signifie « même » et qui sert à former
les expressions *hatta hâjà* = rien, *hatta
wâhad* = personne, etc. Au lieu de *chy*,
on prononce souvent *che*, lorsqu'on n'a
pas besoin de reposer la voix sur une
voyelle.

Exemples :

*Mâ naᶜ ref hatta wâhad* = je ne connais
personne.

*Mâ chouft hatta rajel* = je n'ai vu aucun
homme.

*Mâ ᶜ andy che dâr* = je n'ai pas de maison.

Pour traduire le verbe être, accompagné de la négation, on peut joindre à *mâ* les pronoms affixes ; on dit *mâny che* = je ne suis pas, *mâk chy* = tu n'es pas, *mâh chy* ou *mâho che* = il n'est pas, *mâhy che* = elle n'est pas, *mânâ che* = nous ne sommes pas, *mâkoum chy* = vous n'êtes pas, *mâhoum chy* = ils *ou* elles ne sont pas.

### INTERROGATION

On exprime l'interrogation en plaçant le mot *chy* après le terme sur lequel porte l'interrogation.

> Ex. : ᶜ *Andek chy 'd-drâhem* = as-tu de l'argent ?
>
> *Rah chy meléh* = est-il bon ?

On ne fait pas cette addition quand la phrase contient déjà un mot interrogatif.

Ex. : *Ouaïn tesken* (et non : *ouaïn tesken chy*) = où demeures-tu ?

## DÉTERMINATION DES NOMS

Un substantif peut être déterminé, en arabe, de trois façons : 1° par l'article ; 2° par un pronom affixe ; 3° par un complément nominal. Ainsi le mot *dâr* (= maison, une maison) est indéterminé [1], tandis qu'il devient déterminé dans les exemples suivants :

1° *Ed-dâr* = la maison ;
2° *Dâry* = ma maison ;
3° *Dâr el-qâdî* = la maison du juge.

Un mot ne doit pas être déterminé de deux manières à la fois ; il ne peut, par

[1] Pour marquer l'indétermination, on se sert fréquemment aussi du mot *wâhad* = un, que l'on place devant le substantif accompagné de l'article. Ex. : *wâhad er-rajel* = un homme ; *wâhad el-merà* = une femme.

exemple, être en même temps précédé de l'article et suivi d'un pronom affixe ou bien d'un nom qui lui sert de complément.

Les noms propres sont considérés comme déterminés par eux-mêmes.

On appelle « état construit » ou « rapport d'annexion » la construction dans laquelle le substantif est déterminé par un complément nominal qui le suit. Dans les phrases de cette nature, le complément peut seul être déterminé par l'article ou par un pronom affixe ; mais il peut aussi rester indéterminé si le sens l'exige.

Ex. : *Serj ᶜaoudy* = la selle de mon cheval ;

*Serj el-ᶜaoud* = la selle du cheval ;

*Serj ᶜaoud* = la selle d'un cheval *ou* une selle de cheval.

Plusieurs compléments peuvent se suivre et se déterminer l'un l'autre.

Ex.: *dâr ḥabîb boûya* = la maison de l'ami de mon père.

Lorsque le mot suivi d'un complément est terminé par *à*, on fait sentir un *t* après cette voyelle qui devient *è* ou *e* dans la prononciation.

Ex. : *berlà* = une mule ;
      *berlèt el-jâr* = la mule du voisin.

## DES MOTS *mtâᶜ* ET *diyâl*

D'après la règle précédente, on doit, en construisant une phrase, prévoir que tel mot sera déterminé par un complément, ét prendre soin de ne pas lui donner l'article. Mais on peut éviter cet effort d'attention, ou rétablir l'harmonie de la phrase au cas où l'on aurait violé la règle, en plaçant entre les deux substantifs le mot *mtâᶜ* (= objet, propriété). Dans les villes, on emploie fréquemment aussi le mot *diyâl*.

On applique ainsi la loi de l'état construit d'une façon détournée, puisque le
mot *mtâ^c*, en apposition au premier
substantif, est déterminé par le second.

Ex.: *el-^c aoud mtâ^c el-jâr* = le cheval
du voisin (synonyme de *^c aoud el-jâr*);

*Ed-dâr mtâ^c y* = ma maison (synonyme de *dâry*).

## SUBSTANTIF

*Genres.* — Le substantif a deux genres,
le masculin et le féminin.

Sont du genre féminin :

1º Les mots qui désignent un être du
sexe féminin.

2º Presque tous les mots terminés par *à*.

3º Les mots désignant les parties
doubles du corps.

4º La plupart des noms de localités.

5° Un certain nombre de mots terminés par *á* ou *a*.

6° Quelques rares substantifs ne rentrant dans aucune des catégories précédentes.

Tous les autres mots sont du genre masculin.

*Nombres.* — Il y a trois nombres : le singulier, le duel, et le pluriel.

*Singulier.* — Il a les mêmes usages qu'en français.

*Duel.* — Le duel ne s'emploie, dans le langage, que quand il s'agit des parties doubles du corps ou des mesures de temps, de capacité, de dimension. On se sert aussi du duel *wâledeyn* (père et mère ; littéralement, les deux géniteurs ; le singulier masculin est *wâled* = père, et le singulier féminin, *wâledà* = mère).

Pour former le duel, on ajoute la termi

naison *cyn* ou *in* au singulier. Ex. : *yèd* = main, *yèdeyn* = deux mains ; *deqéqà* = minute, *deqéqeteyn* [1] = deux minutes.

L'*n* final disparaît lorsque le mot est accompagné d'un pronom affixe. Ex. : *yèdeyya* = mes deux mains, *yèdeyk* = tes deux mains, *yèdeyh* = ses deux mains.

*Pluriel.* — Le pluriel s'emploie avec les noms de nombre de 2 à 10 inclusivement ; on en fait aussi usage en parlant de plusieurs personnes ou de plusieurs choses non comptées. Avec un nombre supérieur à 10, on met le substantif au singulier.

Pour former le pluriel *régulier* masculin, on ajoute au singulier la terminaison *în*. (Ici, l'*n* final persiste toujours malgré la présence d'un pronom affixe).

(1) Le *t* qui suit virtuellement l'*à* du singulier et qui réapparaît dans le rapport d'annexion se prononce également avant la terminaison du duel.

Ex. : *kebbâz* = boulanger ; *kebbâzîn* = boulangers ; — *mahboûs* = prisonnier ; *mahboûsîn* = prisonniers.

Pour former le pluriel *régulier* féminin, on change la terminaison *à* du singulier en *ât*.

Ex. : *ressâlà* = blanchisseuse ; *ressâlât* = blanchisseuses ; — *kâlà* = tante maternelle ; *kâlât* = tantes maternelles.

Quelques mots étrangers non terminés par *à* prennent aussi la terminaison du pluriel *régulier* féminin ; on les apprendra par l'usage.

Il s'en faut de beaucoup que tous les substantifs possèdent un pluriel régulier ; la plupart d'entre eux ont un pluriel irrégulier ou pluriel brisé. La pratique de la langue peut seule le faire connaître, et il faut avouer que c'est une difficulté sérieuse de l'arabe parlé comme de l'arabe écrit.

Cela tient à ce qu'un même type de singulier peut donner naissance à plusieurs formes de pluriel entre lesquelles le caprice du peuple, pour le langage, et celui des écrivains, pour le style, ont fait un choix auquel il faut aujourd'hui se conformer. Il est donc absolument indispensable d'apprendre en même temps le singulier et le pluriel des noms et des adjectifs. Si l'on emploie, pour étudier l'arabe parlé, l'un des nombreux dictionnaires avec transcription publiés en Algérie, on trouvera les deux formes à la suite l'une de l'autre. Mais si l'on entend un mot nouveau de la bouche même d'un indigène, il est nécessaire de lui en demander le pluriel. Veut-on connaître le pluriel de *rajel* et de *merà* ? Pour cela, on peut se servir de la formule suivante, assez usitée en pareil cas chez les Arabes :

— *Er-rajel kîfâch teqoûloû lho kîf*

*ykoûn yâser* = l'homme, comment lui dites-vous quand il y en a beaucoup ? (c'est-à-dire comment dites-vous « homme » quand il s'agit de plusieurs).

Réponse : *Neqoûloû lhoum rejâl* = nous leur disons *rejâl*.

— *El-merà kîfâch teqoûloû lhâ kîf ykoûn yâser* = la femme, comment lui dites-vous quand il y en a beaucoup ?

Réponse : *Neqoûloû lhoum nesâ* = nous leur disons *nesâ*.

Parmi les pluriels brisés, il est un type qui mérite une mention spéciale à cause de sa remarquable fréquence, c'est celui des pluriels de quadrilitères. Ils proviennent de singuliers qui ont quatre lettres[1], ou que l'on réduit à quatre lettres avant de leur ajouter les lettres formatives.

_____

(1) Il s'agit, bien entendu, des lettres arabes, c'est-à-dire des consonnes exclusivement.

Sans insister sur le détail de cette dérivation, on peut citer comme exemples :

*mekteb* = école ; pl. *mekâteb* ;
*selloum* = échelle ; pl. *selâlem*.

### ADJECTIF

L'adjectif a deux genres : le masculin et
le féminin. Au positif, on tire le féminin
du masculin en ajoutant *à*, sauf pour les
adjectifs exprimant les couleurs ou les
difformités.

Ex.: *kebîr* = grand ; *kebîrà* = grande ;
*ferhân* = content ; *ferhânà* = con-
tente.

On tire le comparatif masculin du
positif, dans les adjectifs de la même
forme que *kebîr*, en mettant un *a* devant
la première consonne, et un *a* à la place
de la deuxième voyelle ; en même temps,
on supprime l'*e* du positif.

Ex.: *kebîr* = grand ; *akbar* = plus grand ;
*serîr* = petit ; *asrar* = plus petit.

Dans les mêmes adjectifs, on tire le comparatif féminin du positif masculin en changeant la voyelle *e* en *ou*, en supprimant la seconde voyelle, et en ajoutant *a* après la dernière consonne.

Ex. : *koubra* = plus grande ;
*sourra* = plus petite.

Ces mêmes mots correspondent aussi au superlatif absolu du français et signifient : très grand, très petit, très grande, très petite. S'ils sont précédés de l'article, ils équivalent au superlatif relatif :

*el-akbar* = le plus grand ;
*el-koubra* = la plus grande.

Mais, la plupart du temps, on se dispense de former le comparatif et le superlatif,

3

et on les remplace par une périphrase. Ainsi l'on dit :

*Kebîr* <sup>c</sup>*ala...* = grand sur... (plus grand que...) ;

*Kebîr akter men...* = grand plus que... (plus grand que...) ;

*El-kebîr* = le grand (le plus grand) ;

*El-kebîr men...* [1] = le grand d'entre... (le plus grand d'entre...).

Ex. : *Anâ kebîr* <sup>c</sup>*ala Mohammed* = moi grand sur Mohammed (je suis plus grand que Mohammed).

*Enta kebîr akter menho* = toi grand plus que lui (tu es plus grand que lui).

*Houwa 'l-kebîr* = lui le grand (il est le plus grand).

*El-kebîr menhoum jâ* = le grand d'entre eux est venu (le plus grand d'entre eux est venu).

_____

(1) On peut remplacer la préposition *men* par la préposition *fy.*

On forme des phrases semblables en mettant l'adjectif au féminin.

### ACCORD DE L'ADJECTIF

L'adjectif s'accorde en genre et en nombre avec le substantif auquel il se rapporte ; il se place toujours après lui. En outre si le substantif est déterminé d'une manière quelconque, l'adjectif prend l'article.

Ex. : *Dâr meléhà* = une belle maison.

*Ed-dâr el-meléhà* = la belle maison.

*Dâry 'l-meléhà* = ma belle maison.

*Dâr habîby 'l-meléhà* = la belle maison de mon ami.

### PLURIEL

Le pluriel s'emploie avec les substan- tifs qui sont au duel ou au pluriel ; il est commun aux deux genres et sa forme dépend de celle du singulier.

Les formes de pluriel peuvent se ramener aux trois types suivants :

*kebîr* = grand ; pl. *kebâr*
*ᶜatchân* = altéré ; pl. *ᶜatchânîn*
*abyoḍ* = blanc ; pl. *byoḍ*

Les autres pluriels suivent des modèles variables et ne peuvent être appris que par l'usage.

### VERBE

Le point de départ de la conjugaison est la 3e pers. du masculin singulier du parfait ; elle constitue ce qu'on appelle la racine ou le radical du verbe. Tous les mots se rattachant à une même idée dérivent de la racine du verbe relatif à cette idée. C'est cette racine que les dictionnaires indiquent en regard de l'infinitif français ; aussi, quand on lit dans le lexique *keteb* = écrire, il faut comprendre que ce mot signifie en réalité « il a écrit ».

C'est la forme même de la racine qui indique quelle conjugaison le verbe doit suivre. On distingue, à cet égard, six catégories de verbes :

1° Les verbes *trilitères réguliers* sont ceux qui contiennent trois lettres radicales dont les deux dernières sont dissembla- bles, et qui ne commencent pas par *w*, *ou*, *y*. On les reconnaît dans le langage à ce que, sans commencer par *w*, *ou*, *y*, ils ont deux syllabes dont la première est terminée par une voyelle et la seconde, par une consonne ;

Ex. : *dorob* = il a frappé.

2° Les verbes *quadrilitères* sont ceux qui contiennent quatre lettres radicales.

On les reconnaît à ce qu'ils ont deux syllabes dont la première est terminée par une consonne, et la seconde, soit par une consonne soit par le son *a* [1].

Ex. : *kerkeb* = il a renversé.

3° Les verbes *sourds* sont ceux qui contiennent trois lettres radicales dont les deux dernières sont semblables. On les reconnaît à ce qu'ils n'ont qu'une syllabe terminée par une consonne redoublée.

Ex. : *chedd* = il a tenu.

4° Les verbes *assimilés* sont ceux qui contiennent trois lettres radicales dont la première est soit *w*, soit *ou*, soit *y*. On les reconnaît à ce qu'ils ont deux syllabes et commencent les uns par le son *ou*, les autres par le son *y*.

---

(1) Dans ce cas, de beaucoup le plus rare, ils se conjuguent comme les verbes défectueux.

Ex. : *ousol* = il est arrivé,

*ybes* = il s'est desséché.

5° Les verbes *concaves* sont ceux qui contiennent trois lettres radicales dont la deuxième est un *w* ou un *y*. Comme ceux-ci sont toujours remplacés par un *â* dans la 3ᵉ personne du parfait, on reconnaît les verbes concaves à ce qu'ils ne comprennent qu'une seule syllabe formée par la voyelle *â* enclavée entre deux consonnes.

Ex. : *kân* = il a été,

*sâb* = il a trouvé.

6° Les verbes *défectueux* sont ceux qui contiennent trois lettres radicales dont la dernière est un *w* ou un *y*. On les reconnaît à ce qu'ils ont deux syllabes, et à ce qu'ils se terminent par le son *a* en raison de certaines règles phonétiques qui sont du domaine de l'arabe littéral.

Ex. : *beqa* = il est resté,

*jera* = il a couru.

Les verbes trilitères réguliers (appelés aussi verbes forts), les verbes assimilés, et les verbes quadrilitères [1] suivent une même conjugaison.

On distingue deux temps : le parfait, qui exprime les actes ou les états accomplis et correspond au passé défini ou indéfini du français; et l'imparfait, qui exprime les actes ou les états inachevés, correspondant ainsi tantôt au présent, tantôt au futur du français. Pour éviter l'amphibologie pouvant résulter de l'emploi de l'imparfait, on place devant le

---

(1) Les participes actif et passif des verbes quadrilitères diffèrent de ceux du verbe fort. Quant aux rares verbes quadrilitères terminés par le son *a*, ils suivent, comme il a été dit précédemment, la conjugaison des verbes défectueux.

verbe l'expression *rany*, ou bien on ajoute
après lui *in châ 'llah* (= si Dieu veut),
selon qu'il s'agit du présent ou du futur.

Ex. : *nekteb* = j'écris ou j'écrirai,
  *rany nekteb* = je suis j'écris, j'écris,
  *nekteb in châ 'llah* = j'écrirai si Dieu
  veut.

A ces deux temps il faut ajouter le mode
impératif qui ne contient que la 2ᵉ personne et sert à la fois pour le présent et
pour le futur, et les participes actif et
passif qui prennent indistinctement le
sens du passé, du présent ou du futur.

L'infinitif employé comme mode du
verbe, c'est-à-dire avec un complément
direct ou indirect, ne se rencontre guère
dans le langage; on lui attribue seulement la valeur d'un substantif et c'est
dans cette acception que les lexiques le
mentionnent quand il est usité.

L'arabe parlé ne possède pas de voix

passive. Pour rendre le passif on a recours soit à l'une des formes dérivées qui seront mentionnées plus tard, soit à une tournure appropriée.

Ex. : *jerah* = il a blessé,

Passif { *enjerah* = il a été blessé (7ᵉ forme),
{ *sâr mejroûh* = il est devenu blessé.

Les participes actif et passif du verbe quadrilitère n'ont, dans le langage, qu'une seule et même forme. Voici, comme exemple, le participe de *kerkeb* (= il a renversé) :

**me**kerkeb = renversant *ou* renversé,
**me**kerkebà = renversant *ou* renversée,
**me**kerkebîn = renversant, renversés *ou* renversées.

### REMARQUES SUR LE VERBE CONCÁVE

Ainsi qu'il a été dit plus haut, le verbe concave a pour deuxième radicale un *w* ou un *y*. Aux troisièmes personnes du parfait, cette lettre est remplacée par *â* ; dans les autres personnes du même temps, elle est représentée par *ou, i, a*, selon que l'un ou l'autre de ces sons occupe la place de la deuxième radicale à l'imparfait. Cette permutation est indiquée dans les dictionnaires par les abréviations f. O, f. I, f. A, que l'on lit respectivement : futur O, futur I, futur A [1]. Quand on n'a pas la ressource de recourir au lexique, on peut se renseigner auprès des indigènes en leur posant une question appropriée. Veut-on connaître, par exemple, l'imparfait du verbe *kân ?* On dira :

*Kîfâch teqoûlou kân kîf tetekellemoû ᶜala 'l-redouà* = comment dites-vous *kân* quand vous parlez du lendemain ? Si l'in-

---

[1] Les grammairiens européens appelaient autrefois « *futur* » le temps arabe que l'on désigne aujourd'hui sous les noms d'imparfait ou d'aoriste.

digène n'a pas bien compris la question, on pourra le mettre sur la voie en ajoutant : *Teqoûloû ykoûn ouêllâ ykîn* = dites-vous *ykoûn* ou bien *ykîn ?*

En l'espèce, l'indigène répondra :

*Neqoûloû ykoûn* = nous disons *ykoûn*, car le verbe *kân* fait « futur O ». S'il faisait « futur I » on dirait *ykîn*, et s'il faisait « futur A », *ykân*.

L'impératif des verbes concaves ne prend pas d'e initial, et les sons *oû, î, â* de l'imparfait deviennent respectivement *ou, i, a* au masculin singulier de ce mode.

Pour plus de clarté, trois tableaux présenteront la conjugaison que suit le verbe concave, selon que son imparfait a le son *oû*, le son *î*, ou le son *â*.

### REMARQUES SUR LE VERBE DÉFECTUEUX

Comme on l'a vu précédemment, le verbe défectueux est un verbe trilitère dont la troisième radicale est un *w* ou un *y*; il a deux syllabes et se termine par le son *a*. Il présente deux types différents: dans l'un, le son *a* final persiste à l'imparfait, dans l'autre il se change en *î*. La conjugaison du parfait est la même dans les deux cas : *a* final devient *î* aux deuxièmes et premières personnes. A l'impératif, on préfixe un **e** au radical comme dans le verbe fort ; les participes ont une forme spéciale, semblable pour les deux types, comme l'indiquent les tableaux ci-après.

*Remarque.* Un seul verbe, dans l'arabe parlé, se termine au parfait par *a* et change cet *a* final en *oû* à l'imparfait : c'est le verbe *haba* (= marcher à quatre pattes), dont l'imparfait se prononce *yahboû*.

---

Nota. — Dans les tableaux des conjugaisons les caractères gras représentent les lettres formatives qui viennent s'ajouter au radical.

# TABLEAU DE LA CONJUGAISON DU VERBE FORT

## PARFAIT

| | | |
|---|---|---|
| *dorob* | = | il a frappé |
| *dorob*et | = | elle a frappé |
| *dorob*t | = | tu as frappé |
| *dorob*ti | = | tu as frappé (fém.) |
| *dorob*t | = | j'ai frappé |
| *dorob*oû | = | ils *ou* elles ont frappé |
| *dorob*toû | = | vous avez frappé |
| *dorob*nâ | = | nous avons frappé |

## IMPARFAIT

| | | |
|---|---|---|
| y*drob* [1] | = | il frappe [*ou* il frappera] |
| te*drob* | = | elle frappe |
| te*drob* | = | tu frappes |
| te*drob*î | = | tu frappes (fém.) |
| ne*drob* | = | je frappe |
| y*drob*oû | = | ils *ou* elles frappent |
| te*drob*oû | = | vous frappez |
| ne*drob*oû | = | nous frappons |

## IMPÉRATIF

edrob [2]  = frappe
edrobî  = frappe (fém.)
edroboû  = frappez

## PARTICIPE ACTIF

dâreb  = frappant (masc.)
dârebà  = frappant (fém.)
dârebîn  = frappant (pluriel commun)

## PARTICIPE PASSIF

medroûb  = frappé
medroûbà  = frappée
medroûbîn  = frappés ou frappées

---

(1) Si la première radicale est une gutturale forte telle que h ou ͨ , on prononce les préfixes ya, ta, na. Remarquer qu'ici il n'y a plus de voyelle après le d, c'est-à-dire après la première radicale.

(2) Les verbes quadrilitères ne prennent pas d'e à l'impératif : on dit kerkeb = renverse, et non ekerkeb. L'e se change en a quand la première radicale est une gutturale forte.

# TABLEAU DE LA CONJUGAISON DU VERBE SOURD

## PARFAIT

| | |
|---|---|
| *chedd* | = il a tenu |
| *chedd*et | = elle a tenu |
| *chedd*ît | = tu as tenu |
| *chedd*îti | = tu as tenu (fém.) |
| *chedd*ît | = j'ai tenu |
| *chedd*oû | = ils *ou* elles ont tenu |
| *chedd*îtoû | = vous avez tenu |
| *chedd*înâ | = nous avons tenu |

## IMPARFAIT

| | |
|---|---|
| y*chedd* | = il tient [*ou* il tiendra] |
| te*chedd* | = elle tient |
| te*chedd* | = tu tiens |
| te*chedd*î | = tu tiens (fém.) |
| ne*chedd* | = je tiens |
| y*chedd*oû | = ils *ou* elles tiennent |
| te*chedd*oû | = vous tenez |
| ne*chedd*oû | = nous tenons |

## IMPÉRATIF

| | |
|---|---|
| *chedd* [1] | = tiens |
| *cheddî* | = tiens (fém.) |
| *cheddoù* | = tenez |

## PARTICIPE ACTIF

| | |
|---|---|
| *châdd* | = tenant |
| *châddà* | = tenant (fém.) |
| *châddîn* | = tenant (pluriel commun) |

## PARTICIPE PASSIF [2]

| | |
|---|---|
| **mech**doûd | = tenu |
| **mech**doûdà | = tenue |
| **mech**doûdîn | = tenus *ou* tenues |

---

(1) Remarquer qu'il n'y a pas d'**e** avant le radical comme dans le verbe fort.

(2) Bien que ce participe soit formé absolument comme celui du verbe fort, on l'a indiqué ici pour épargner au lecteur toute hésitation.

4

# TABLEAU DE LA CONJUGAISON DU VERBE CONCAVE

### AVEC IMPARFAIT EN *oû*

## PARFAIT

| | | |
|---|---|---|
| *kân* | = | il a été |
| *kânet* | = | elle a été |
| *kount* | = | tu as été |
| *kounti* | = | tu as été (fém.) |
| *kount* | = | j'ai été |
| *kânoû* | = | ils *ou* elles ont été |
| *kountoû* | = | vous avez été |
| *kounnâ* | = | nous avons été |

## IMPARFAIT

| | | |
|---|---|---|
| y*koûn* | = | il est [*ou* il sera] |
| te*koûn* | = | elle est |
| te*koûn* | = | tu es |
| te*koûnî* | = | tu es (fém.) |
| ne*koûn* | = | je suis |
| y*koûnoû* | = | ils *ou* elles sont |
| te*koûnoû* | = | vous êtes |
| ne*koûnoû* | = | nous sommes |

## IMPÉRATIF

| | |
|---|---|
| *koun* | = sois |
| *koûnî* | = sois (fém.) |
| *koûnoû* | = soyez |

## PARTICIPE ACTIF

| | |
|---|---|
| *kâïn* [1] | = étant |
| *kâïnà* | = étant (fém.) |
| *kâïnîn* | = étant (pluriel commun) |

## PARTICIPE PASSIF

| | |
|---|---|
| **mekoûn** [2] | = été |
| **mekoûnà** | = été (fém.) |
| **mekoûnin** | = été (pluriel commun) |

---

(1) Remarquer que la 2ᵉ radicale prend le son de *ï* au participe actif, dans tous les verbes concaves, quel que soit leur imparfait.

(2) La 2ᵉ radicale disparaît en présence du son *oû* formatif. Le participe passif du verbe être a été donné ici comme exemple du procédé de dérivation, mais il est évident que ce participe n'est pas employé, le verbe être restant essentiellement neutre.

# TABLEAU DE LA CONJUCAISON DU VERBE CONCAVE

### AVEC IMPARFAIT EN *i*

### PARFAIT

| | |
|---|---|
| *z*âd | = il a augmenté |
| *z*âdet | = elle a augmenté |
| *zi*dt | = tu as augmenté |
| *zi*dti | = tu as augmenté (fém.) |
| *zi*dt | = j'ai augmenté |
| *z*âdoû | = ils *ou* elles ont augmenté |
| *zi*dtoû | = vous avez augmenté |
| *zi*dnâ | = nous avons augmenté |

### IMPARFAIT

| | |
|---|---|
| **y***z*îd | = il augmente [*ou* il augmentera] |
| **te***z*îd | = elle augmente |
| **te***z*îd | = tu augmentes |
| **te***z*îdî | = tu augmentes (fém.) |
| **ne***z*îd | = j'augmente |
| **y***z*îdoû | = ils *ou* elles augmentent |
| **te***z*îdoû | = vous augmentez |
| **ne***z*îdoû | = nous augmentons |

## IMPÉRATIF

| | | |
|---|---|---|
| *zid* | = | augmente |
| *zîdî* | = | augmente (fém.) |
| *zîdoû* | = | augmentez |

## PARTICIPE ACTIF

| | | |
|---|---|---|
| *zâïd* | = | augmentant |
| *zâïdà* | = | augmentant (fém.) |
| *zâïdîn* | = | augmentant (pl. com.) |

## PARTICIPE PASSIF

| | | |
|---|---|---|
| **me***zy***oûd**[1] | = | augmenté |
| **me***zy***oûdà** | = | augmentée |
| **me***zy***oûdîn** | = | augmentés *ou* augmentées |

---

(1) Cette forme du participe passif est particulière au langage ; mais on rencontre aussi la forme **me***zî***d** de l'arabe littéral.

## TABLEAU DE LA CONJUGAISON DU VERBE CONCAVE

### AVEC IMPARFAIT EN $\hat{a}$

### PARFAIT

| | |
|---|---|
| *kâf* | = il a craint |
| *kâfet* | = elle a craint |
| *kaft* | = tu as craint |
| *kafti* | = tu as craint (fém.) |
| *kaft* | = j'ai craint |
| *kâfoû* | = ils *ou* elles ont craint |
| *kaftoû* | = vous avez craint |
| *kafnâ* | = nous avons craint |

### IMPARFAIT

| | |
|---|---|
| **y***kâf* | = il craint·[*ou* il craindra] |
| te*kâf* | = elle craint |
| te*kâf* | = tu crains |
| te*kâfî* | = tu crains (fém.) |
| ne*kâf* | = je crains |

y*kâfoû* = ils *ou* elles craignent

te*kâfoû* = vous craignez

ne*kâfoû* = nous craignons

## IMPÉRATIF

*kaf* = crains

*kâfî* = crains (fém.)

*kâfoû* = craignez

## PARTICIPE ACTIF

*kâïf* = craignant

*kâïfà* = craignant (fém.)

*kâïfîn* = craignant (pl. com.)

## PARTICIPE PASSIF

me*koûf* = craint

me*koûfà* = crainte

me*koûfîn* = craints *ou* craintes

# TABLEAU DE LA CONJUGAISON DU VERBE DÉFECTUEUX

### AVEC IMPARFAIT EN *î*

## PARFAIT

| | |
|---|---|
| *rema* | = il a jeté |
| *remat* | = elle a jeté |
| *remît* | = tu as jeté |
| *remîti* | = tu as jeté (féminin) |
| *remît* | = j'ai jeté |
| *remaou* | = ils *ou* elles ont jeté |
| *remîtoû* | = vous avez jeté |
| *remînâ* | = nous avons jeté |

## IMPARFAIT

| | |
|---|---|
| **y***rmî* | = il jette [*ou* il jettera] |
| **te***rmî* | = elle jette |
| **te***rmî* | = tu jettes |
| **te***rmî* | = tu jettes (féminin) |
| **ne***rmî* | = je jette |

**yrmiou** = ils *ou* elles jettent

**termiou** = vous jetez

**nermiou** = nous jetons

### IMPÉRATIF

**ermi**     = jette

**ermî**     = jette (féminin)

**ermiou** = jetez

### PARTICIPE ACTIF

*râmî*     = jetant

*râmîà*    = jetant (féminin)

*râmîîn*   = jetant (pluriel commun)

### PARTICIPE PASSIF

**mermî**   = jeté

**mermîà** = jetée

**mermîîn** = jetés *ou* jetées

## TABLEAU DE LA CONJUGAISON DU VERBE DÉFECTUEUX

AVEC IMPARFAIT EN *a*

### PARFAIT

| | | |
|---|---|---|
| *nesa* | = | il a oublié |
| *nesat* | = | elle a oublié |
| *nesît* | = | tu as oublié |
| *nesîti* | = | tu as oublié (féminin) |
| *nesît* | = | j'ai oublié |
| *nesaou* | = | ils *ou* elles ont oublié |
| *nesîtoû* | = | vous avez oublié |
| *nesînâ* | = | nous avons oublié |

### IMPARFAIT

| | | |
|---|---|---|
| **y***nsa* | = | il oublie [*ou* il oubliera] |
| **te***nsa* | = | elle oublie |
| **te***nsa* | = | tu oublies |
| **te***nsaï* | = | tu oublies (féminin) |
| **ne***nsa* | = | j'oublie |

ynsaou = ils *ou* elles oublient

tensaou = vous oubliez

nensaou = nous oublions

### IMPÉRATIF

ensa = oublie

ensaï = oublie (féminin)

ensaou = oubliez

### PARTICIPE ACTIF

nâsî = oubliant

nâsîà = oubliant (féminin)

nâsîin = oubliant

### PARTICIPE PASSIF

mensî = oublié

mensîà = oubliée

mensîin = oubliés *ou* oubliées

## VERBES IRRÉGULIERS

Trois verbes ont, en arabe parlé, des conjugaisons irrégulières ; ce sont : *jâ* = il est venu, *kelâ* = il a mangé, et *kedâ* = il a pris.

## CONJUGAISON DU VERBE jâ

### PARFAIT

| | |
|---|---|
| *jâ* | = il est venu |
| *jât* | = elle est venue |
| *jît* | = tu es venu |
| *jîti* | = tu es venue |
| *jît* | = je suis venu *ou* venue |
| *jâoû* | = ils sont venus *ou* elles sont venues |
| *jîtoû* | = vous êtes venus *ou* venues |
| *jînâ* | = nous sommes venus *ou* venues |

## IMPARFAIT.

| | | |
|---|---|---|
| **y**ji | = il vient [*ou* il viendra] |
| **te**ji | = elle vient |
| **te**ji | = tu viens |
| **te**ji | = tu viens (féminin) |
| **ne**ji | = je viens |
| **y**jioû | = ils *ou* elles viennent |
| **te**jioû | = vous venez |
| **ne**jioû | = nous venons |

## IMPÉRATIF

| | |
|---|---|
| **e**ji | = viens |
| **e**ji | = viens (féminin) |
| **e**jioû | = venez |

## PARTICIPE ACTIF

| | |
|---|---|
| *j*âï | = venant |
| *j*âïà | = venant (féminin) |
| *j*âïîn | = venant (pluriel commun) |

## CONJUGAISON DU VERBE kelâ

### PARFAIT

| | |
|---|---|
| *kelâ* | = il a mangé |
| *kelât* | = elle a mangé |
| *kelît* | = tu as mangé |
| *kelîti* | = tu as mangé (fém.) |
| *kelît* | = j'ai mangé |
| *kelâoû* | = ils *ou* elles ont mangé |
| *kelîtoû* | = vous avez mangé |
| *kelînâ* | = nous avons mangé |

### IMPARFAIT

| | |
|---|---|
| **y**âkoul | = il mange [*ou* il mangera] |
| **t**âkoul | = elle mange |
| **t**âkoul | = tu manges |
| **t**âkoulî | = tu manges (fém.) |
| **n**âkoul | = je mange |

**yâkouloû** = ils *ou* elles mangent

**tâkouloû** = vous mangez

**nâkouloû** = nous mangeons

## IMPÉRATIF

*koul* = mange

*koulî* = mange (fém.)

*kouloû* = mangez

## PARTICIPE ACTIF

*âkel* [1] = mangeant

*âkelà* = mangeant (fém.)

*âkelîn* = mangeant (pl. com.)

## PARTICIPE PASSIF

**mâkoûl** = mangé

**mâkoûlà** = mangée

**mâkoûlîn** = mangés *ou* mangées

---

(1) Ici, l'*a* du radical se confond avec l'*à* formatif du participe.

## CONJUGAISON DU VERBE kedâ

### PARFAIT

| | |
|---|---|
| *kedâ* | = il a pris |
| *kedât* | = elle a pris |
| *kedît* | = tu as pris |
| *kedîti* | = tu as pris (fém.) |
| *kedît* | = j'ai pris |
| *kedâoû* | = ils *ou* elles ont pris |
| *kedîtoû* | = vous avez pris |
| *kedînâ* | = nous avons pris |

### IMPARFAIT

| | |
|---|---|
| **yâ**kod | = il prend [*ou* il prendra] |
| **t**âkod | = elle prend |
| **t**âkod | = tu prends |
| **t**âkodî | = tu prends (fém.) |
| **n**âkod | = je prends |

| yâkodoù | = ils *ou* elles prennent |
| tâkodoù | = vous prenez |
| nâkodoù | = nous prenons |

## IMPÉRATIF

| kod | = prends |
| kodî | = prends (fém.) |
| kodoù | = prenez |

## PARTICIPE ACTIF

| kâdi | = prenant |
| kâdìa | = prenant (fém.) |
| kâdìîn | = prenant (pl. com.) |

## PARTICIPE PASSIF

| mâkoùd | = pris |
| mâkoùdà | = prise |
| mâkoùdîn | = pris *ou* prises. |

5

## FORMES DÉRIVÉES DU VERBE TRILITÈRE

Il existe en arabe un assez grand nombre de formes dérivées du verbe trilitère ; mais onze d'entre elles seulement sont d'un emploi fréquent dans la langue écrite, et l'usage oral n'en a guère retenu que neuf.

Le tableau suivant montre leur mode de formation ainsi que la modification de sens qu'elles entraînent généralement [1].

Pour plus de clarté, les procédés de dérivation de toutes les formes sont appliqués au verbe *keser* (= il a été cassé), bien qu'en réalité il ne possède que les 2ᵉ et 5ᵉ.

---

[1] Chaque trait représente l'une des trois lettres radicales. Le chiffre 2 placé au-dessus d'un trait indique que la radicale correspondante doit être redoublée. Les astérisques signalent les formes particulièrement usitées dans le langage.

| NUMÉROS DES FORMES | MODE DE DÉRIVATION | | PARADIGME | VALEUR |
|---|---|---|---|---|
| 1re forme (primitive). | — | — | *keser* | Indique l'action ou l'état. |
| * 2e | — | 2 — | *kesser* | Sens factitif ou fréquentatif. |
| * 3e | — â — | | *kâser* | Sens réciproque. |
| 4e | a — | — | *akser* | Sens factitif. |
| * 5e | te — | 2 | *tekesser* | Sens réciproque ou réfléchi. |
| ** 6e | te — d — | | *tekâser* | Id. |
| * 7e | en — | — | *enkeser* | Sens passif ou réfléchi. |
| * 8e | e — t — | 2 | *ekteser* | Id. |
| 9e | e — | — | *ekserr* | Indique les couleurs ou les difformités. |
| * 10e | este — | — | *estekser* | Sens égoïste ou tendancieux. |
| * 11e | e — d — | 2 | *eksârr* | Indique les couleurs ou les difformités. |

Il s'en faut de beaucoup que toutes les racines affectent ces onze formes différentes ; la plupart du temps, un radical donne naissance, dans le langage, à deux ou trois formes, tout au plus ; le dictionnaire les indique en les faisant précéder de leur numéro d'ordre qui sert à les désigner en grammaire. Chacune des formes dérivées se conjugue à son tour dans toute son étendue comme la forme primitive, et les distinctions qui ont été faites à propos de celle-ci conservent ici leur valeur.

Ainsi *tedâreb* = il s'est battu, est la 6ᵉ forme de *dorob*, verbe fort ; on dira donc *tedàrebnâ* = nous nous sommes battus.

Mais *ensedd* = il a été bouché, est la 7ᵉ forme de *sedd* verbe sourd ; et comme *ensedd* a lui-même conservé la forme d'un verbe sourd puisqu'il est terminé par une consonne redoublée, on dira *enseddît* =

j'ai été bouché, *enseddînâ* = nous avons été bouchés. Au contraire, à la 5ᵉ forme du même verbe, *tesedded* = il s'est bouché, on suivra la conjugaison du verbe fort, car le mot ne se termine plus par une consonne redoublée et a perdu, par conséquent, le caractère distinctif du verbe sourd. On dira donc *teseddedt* = je me suis bouché, *teseddednâ* = nous nous sommes bouchés.

Il faut encore observer qu'aux 5ᵉ et 6ᵉ formes, les verbes défectueux ont toujours leur imparfait terminé par *a* ; ainsi l'on dit *mecha* = il est allé, *ymchi* = il va, à la 1ʳᵉ forme, tandis qu'on prononce *temechcha* = il a marché, *ytmechcha* = il marche, à la 5ᵉ forme.

Dans toutes les formes dérivées, on obtient un participe qui sert à la fois pour l'actif et pour le passif en préfixant à la 3ᵉ personne du masculin singulier du parfait un *m* si la première lettre est une voyelle, et la syllabe *me* si la première lettre est une consonne [1].

Ex. : *selck* = il a été sain et sauf;
  *sellck* = il a rendu sain et sauf, il a sauvé (2ᵉ forme);
  *mesellck* = sauvant *ou* sauvé.

On compose de même les participes du verbe quadrilitère qui n'a qu'une seule forme dérivée usitée en arabe vulgaire : c'est la deuxième, que l'on obtient en préfixant *te* au parfait de la première.

Ex. : *kerkeb* = il a renversé ;
  *tekerkeb* = il s'est renversé *ou* il a été renversé ;
  *metekerkeb* = se renversant *ou* renversé.

---

(1) Aux 5ᵉ et 6ᵉ formes du verbe défectueux dont il vient d'être question, il faut en outre changer l'*a* final en *î* pour le participe actif.

## MANIÈRE DE TRADUIRE LES DIFFÉRENTS TEMPS.

On a vu, au début de la conjugaison, la manière de rendre le présent, et l'usage des deux temps simples que possède la langue arabe. Mais on peut former des temps composés avec le verbe *kân* qui a précisément servi de modèle, dans ce livre, pour la conjugaison du verbe concave. Quelques exemples suffiront à en montrer l'emploi.

*keteb* = il a écrit

*ykteb* = il écrit *ou* il écrira [1]

---

(1) On emploie *ykteb* seul pour exprimer le futur lorsqu'il ne peut pas y avoir amphibologie, p. e. *redouâ ykteb* = demain il écrira. Mais on dit *kîf ykoûn ykteb* = lorsqu'il écrira, car *kîf ykteb* signifierait « lorsqu'il écrit ».

| | |
|---|---|
| *rah* [1] *ykteb* | = il écrit |
| *ykteb in châ 'llah* | = il écrira, si Dieu veut |
| *ykoûn* [1] *ykteb* | = il écrira |
| *ykoûn* [1] *keteb* | = il aura écrit |
| *kân* [1] *ykteb* | = il écrivait |
| *kân* [1] *keteb* | = il avait écrit |
| *idâ* [2] *keteb* | = s'il écrit |
| *loukân ykteb* | = s'il écrivait |
| *loukân keteb* | = s'il avait écrit |

Il y a une différence sensible entre *idâ* et *loukân*. On emploie *idâ* quand le fait subordonné à la condition est exprimé en français par un futur, c'est-à-dire quand la condition est considérée comme devant se réaliser. Dans les autres cas, on emploie *loukân*.

---

(1) L'expression *rah* ainsi que le verbe *ykoûn* et *kân* se mettent à la même personne, au même genre et au même nombre que le verbe principal.

(2) On prononce souvent *ilâ* ; les gens qui parlent très purement disent *idâ*.

5

Ex. : *Idâ keteb ytfekker* = il se souviendra s'il écrit.

*Loukân ykteb ytfekker* = il se souviendrait s'il écrivait.

*Loukân keteb loukân tefekker* = il se serait souvenu s'il avait écrit.

*Remarques :* 1° Le mot *idâ* doit être suivi du parfait ; mais on l'entend parfois employer avec l'imparfait. Quant à *loukân*, il est suivi de l'imparfait arabe s'il s'agit d'un conditionnel présent, et du parfait arabe s'il s'agit d'un conditionnel passé ; daus ce dernier cas, on répète le plus souvent *loukân* devant le verbe qui exprime la conséquence.

2° Quelle que soit la tournure employée, la proposition qui exprime la condition doit toujours être placée la première.

## INFINITIF COMPLÉMENT D'UN VERBE

L'infinitif français complément d'un verbe se rend par l'imparfait arabe mis à la personne, au genre et au nombre qui conviennent, selon le sujet qui accomplit l'action.

Ex. : *Nenjem nektcb* = je peux écrire (m. à m. : je peux j'écris).

*Yhabboû yroûhoû* = ils veulent partir (m. à m. : ils veulent ils partent).

*Chouftek tedhak* = je t'ai vu rire (m. à m. : je t'ai vu tu ris).

## DIFFÉRENTES MANIÈRES DE RENDRE L'IMPERSONNEL

L'impersonnel employé en français pour indiquer les phénomènes de la nature se rend en arabe par une phrase dans laquelle on restitue au verbe son sujet logique. Ex. :

*Ech-chetâ tesobb* = il pleut (m. à m. : la pluie tombe).

*El-qemar ydouî* = il fait clair de lune (m. à m. : la lune éclaire).

Si le sujet appartient à la même racine que le verbe, on supprime celui-ci.

Ex. : *El-barq* = il fait des éclairs (et non *el-barq ybraq*):

*Er-ra ᶜ ad* = il tonne (et non *er-ra ᶜ ad yr ᶜ ad*).

## PRONOM INDÉFINI « ON »

Pour rendre le pronom « on », il suffit de mettre le verbe à la 3ᵉ personne du pluriel.

Ex. : *yqoûloû hâkedâ* = on dit ainsi.

Parfois on donne comme sujet à ce verbe le mot *en-nâs* (= les gens).

On peut aussi employer la 3ᵉ personne du singulier à laquelle on donne pour sujet soit *el-ᶜabd* (= le serviteur) [1], soit *ben Adam* (= le fils d'Adam).

### DES EXPRESSIONS
### « ENCORE » ET « PAS ENCORE »

Le mot « encore » marquant la répétition d'une action se traduit par le verbe concave *zâd*, (f. I) [1] qui signifie littéralement « il a augmenté, il a ajouté ».

Ex. : *Zâd jâ* = il est encore venu ;

*Redouà nezîd nekteb lèk* = demain je t'écrirai encore ;

---

(1) Le serviteur de Dieu, c'est-à-dire l'homme.

(2) On trouvera la conjugaison complète du verbe *zâd* en se reportant au tableau du verbe concave par *î* donné précédemment.

*Zid kebb ly 'l-qahouà* = verse-moi encore du café.

Si le mot « encore » indique la continuation d'une action, on le rend par *mâ zâl*[1] (= il n'a pas cessé) suivi du verbe principal.

Ex. : *Mâ zâl ykteb* = il écrit encore ;

*Mâ zalnâ nerqodoû* = nous dormons encore.

Toutefois, même dans cette acceptation, le mot *encore* se rend par le verbe *zâd* comme il est dit plus haut, lorsque le verbe français est à l'impératif.

Ex. : *Zid tâkoul* = mange encore, ne cesse pas de manger.

_____

(1) *Zâl* est un verbe concave qui se conjugue comme *kâf* ; il doit être mis à la même personne, au même genre et au même nombre que le verbe principal.

L'expression « pas encore » se traduit par *mâ zâl mâ* (= il n'a pas cessé de ne pas ...) suivi du verbe principal. Le verbe *zâl* se met à la même personne, au même genre et au même nombre que le verbe principal, mais il reste au parfait dans tous les cas.

Ex. : *Mâ zâl mâ jâ che* = il n'est pas encore venu.

*Mâ zâlet mâ tekteb che* = elle n'écrit pas encore.

Pourtant on peut aussi, dans ces diverses locutions, laisser le verbe *zâl* invariable et le considérer comme ayant pour sujet toute la proposition qui suit:

Ex. : *Mâ zâl mâ tekellemnâ che* = nous n'avons pas encore parlé.

## DU VERBE RÉFLÉCHI ET DES PRONOMS
## « MOI-MÊME, TOI-MÊME, ETC. »

Le verbe réfléchi peut être rendu par certaines formes dérivées, principalement par les 5ᵉ, 6ᵉ, 7ᵉ et 8ᵉ, comme l'indique le tableau des formes ; mais lorsqu'aucune de celles-ci n'est usitée, on se sert du verbe actif auquel on donne pour complément direct l'un des mots *roûh* ou *nefs*, qui signifient « âme » et que l'on fait suivre d'un pronom affixe de même genre et de même nombre que le sujet.

Ex. : *Qotel nefsho* ou *qotel roûhho* = il s'est tué (m. à m. : il a tué son âme).

*Remat nefshâ fe 'l-mâ* = elle s'est jetée dans l'eau.

*Jeraht nefsy* = je me suis blessé.

On rend les pronoms moi-même, toi-même, lui-même, etc., au moyen de la préposition *be* [1] suivie de l'un des mots précédents ou de ῾ *aïn* = œil, *ḍât* = personne; on ajoute au substantif employé un pronom affixe de même genre et de même nombre que le sujet.

Exemples :

*Jâ be roûhho* = il est venu lui-même.

*Ekteb lho be nefsek* = écris-lui toi-même.

Le mot *roûh* construit avec la préposition *be* et un pronom affixe peut encore se joindre au verbe ῾ *amel* (= il a fait) pour traduire l'expression « faire semblant de ». Ex. :

*Hâd er-rajel ya῾ mel be roûhho meréd* = cet homme fait semblant d'être malade.

_____

(1) La préposition *bi* qui signifie « avec » se prononce *be* devant l'article et dans quelques expressions au nombre desquelles il faut ranger celles-ci.

(m. à m. : cet homme fait avec son âme malade).

*Na<sup>c</sup>mel be roûhy nefhem* = je fais semblant de comprendre (m. à m. : je fais avec mon âme je comprends).

## DIFFÉRENTES MANIÈRES DE TRADUIRE
### LE MOT « ASSEZ »

Si l'adverbe « assez » est employé sous la forme exclamative, on le rend par *bâreka* (1) invariable.

---

(1) Ce mot est un verbe d'un usage fréquent ; il signifie littéralement « il a béni » et a pour sujet sous-entendu « Dieu ». Comme il s'attache à cette formule une certaine idée religieuse, on lui a conservé les voyelles de l'arabe littéral, ce qui permet de reconnaître l'acception spéciale dans laquelle le terme est employé ; en outre, on construit ce verbe avec un complément direct, tandis qu'on lui donnerait un complément indirect précédé de la préposition *fy* s'il avait le sens de « bénir ». C'est à tort que la plupart des auteurs qui ont écrit sur l'arabe

6

Mais si « assez » accompagne un verbe, on a recours à une tournure particulière. S'agit-il du verbe « avoir » ? On emploie simplement le mot *bâreka* auquel on joint un pronom affixe de la même personne que le sujet de la phrase française. On dit donc *bârekany* = j'en ai assez, *bârekak* = tu en as assez, *bârekah* = il en a assez, *bârekahâ* = elle en a assez, *bârekanâ* = nous en avons assez, *bârekakoum* = vous en avez assez, *bârekahoum* = ils en ont assez.

Si l'on indique la chose qui est en quantité suffisante, on fait précéder son nom de la proposition *be*. Ex. :

*Bârekany be 'l-leham* = j'ai assez de viande.

---

vulgaire voient dans cette expression le mot *barekà* (= bénédiction); si leur hypothèse était exacte, on prononcerait *barekèty, barekètek, barekètho*, tandis qu'on prononce *bârekany, bârekak, bârekah*, etc.

*bârekak be 'ch-cherâb* = tu as assez de vin.

Lorsque « assez » accompagne un verbe autre que « avoir », on fait suivre *bâreka* du mot *mâ* après lequel on place l'imparfait du verbe, au nombre et à la personne qui conviennent. Ex. :

*Bâreka mâ nedhakoû* = nous avons assez ri,

*bâreka mâ tekdemoû* = vous avez assez travaillé,

*bâreka mâ tel'ab* = elle a assez joué.

### TRADUCTION DU MOT « JAMAIS »

L'adverbe « jamais » employé dans une phrase négative se traduit par le mot *'omr* (= vie, existence) suivi d'un pronom affixe de même personne que le sujet de la phrase. En pareil cas, on néglige d'exprimer le mot *chy* de la négation. Ex. :

*°omry mâ chouftho* = je ne l'ai jamais vu,
*°omrek mâ tejî* = tu ne viens jamais.

On peut aussi rendre « jamais » par *abadan* (= éternellement). Ex. :

*Mâ chouftho che abadan* = je ne l'ai jamais vu.

*Mâ tejî che abadan* = tu ne viendras jamais.

### CONSTRUCTION

La construction de la phrase arabe est très analogue à celle de la phrase française simple, c'est-à-dire soustraite aux inversions et aux incidences qu'amènent les recherches du style. Toutefois, il est nécessaire de tenir compte des particularités suivantes :

1° Il n'y a jamais d'incises (telles que dit-il, répondit-il, etc.) ; les propositions de cette nature se transforment en propositions principales (il dit..., il répondit...).

2° Dans presque tous les cas, principalement dans les phrases narratives, on place le sujet après le verbe. Ainsi l'on dit :

*Jâny* [1] *rajel* = un homme est venu me trouver (plutôt que *rajel jâny*).

3° Le sujet doit toujours être placé après le verbe lorsque la phrase commence par un mot interrogatif.

---

(1) Remarquer que le verbe *jâ*, dont la conjugaison a été donnée précédemment, reçoit comme complément direct le nom de la personne vers laquelle on vient. Il n'en serait pas de même s'il s'agissait d'un nom de choses ; en ce cas on intercalerait la préposition *le* ou *li* (= à), ou *ila* (= vers).

# Noms de nombre cardinaux

Un, une............ Wâhad, wâhdà.

Deux ............. Tenîn, zoûj.

Troïs ............. Tlètà.

Quatre............ Arba'à.

Cinq............. Kamsà,

Six.............. Settà.

Sept............. Seba'à,

Huit............. Tmènià.

Neuf............. Tsa'à.

Dix............. 'Achrà.

Onze............. Ahdach.

Douze............ Tenach.

Treize ........... Tlètach.

Quatorze........... Arba'tach.

Quinze........... Kamstach.

Seize ............ Settàch.

Dix-sept. ....... Seba'tach.

Dix-huit ......... Tmèntach.

Dix-neuf......... Tsa'tach.

Vingt............ 'Achrîn.

Trente........... Tlètîn.

Quarante......... Arba'în.

| | |
|---|---|
| Cinquante............ | Kamsîn. |
| Soixante........... | Settîn. |
| Soixante-dix...... | Seba'în. |
| Quatre-vingts .... | Tmênîn. |
| Quatre-vingt-dix.. | Tsa'în. |
| Cent.............. | Miyà. |
| Deux cents........ | Mîtîn. |
| Trois cents....... | Tèlt miyà. |
| Mille ............. | Elf, p. Alàf. |
| Deux mille........ | Elfîn. |
| Trois mille........ | Tèlt alàf. |
| Cént mille ........ | Miyàt elf. |
| Million........... | Melyoûn, p. Melàyen. |
| — ............ | Elf elf (1). |

*Remarques.* — 1° Les noms de nombre de 3 à 9 inclusivement perdent leur *à* final lorsqu'ils sont suivis d'un substantif ; on prononce *arba*', *kams*. En pareil cas, on dit *tèlt* au lieu de *tlèt*. Mais ces mêmes mots conservent leur prononciation primitive lorsqu'ils sont séparés du substantif par la préposition *men* (= de). Ex. :

_____

(1) Litt' mille milliers.

*têlt rejâl* = trois hommes.

*tlêtà men nâs* = trois personnes (m. à m.
trois de gens, un trio de gens).

2° Entre 11 et 19, les noms de nombre
doivent être suivis de *en* lorsqu'ils accompagnent un substantif. Ex. :

*kân kamstach* = il y en a quinze.

*kamstachen rajel* = quinze hommes.

3° Avec les noms de nombre de 2 à 10
inclusivement, on met le substantif au
pluriel [1]. Ex. :

*ᶜachrà rejâl* = dix hommes.

*ahdachen rajel* = onze hommes.

4° Le mot *zoûj* n'est jamais employé
pour traduire « deux » si ce nom est accom-

---

(1) Au-dessus de 10, les noms de nombre sont
accompagnés d'un substantif au singulier ; quand
celui-ci est terminé par *à*, on supprime cette
lettre et on obtient une forme spéciale, le collectif, désignée ici par la lettre *c*.

pagné d'un nombre de dizaines ; il signifie proprement « couple, paire ».

5° On énonce les différents noms qui expriment un nombre complexe dans le même ordre qu'en français ; mais le nombre des unités doit toujours précéder celui des dizaines. On intercale la conjonction *ou* (= et) entre les noms de nombre qui s'additionnent, mais non entre ceux qui se multiplient. Ex. :

*tmêntachen miyà ou arba*ʿ*à ou tsa*ʿ*în* = dix-huit cent quatre-vingt-quatorze.

## Adjectifs numéraux ordinaux

| | |
|---|---|
| Premier............ | Oûwel, p, oulîn. |
| Première........... | Oula, p. oulîn. |
| Deuxième.......... | Tâni, f. à, p. în (1). |
| Troisième......... | Tâlet, f. à, p. în. |
| Quatrième......... | Râbeʿ, f. à, p. în. |
| Cinquième......... | Kâmes, f. à, p. în. |

(1) Lisez : fém. tânìà, plur. tânîîn.

Sixième.......... Sâdes, f. à, p. în.
Septième......... Sâbe‘, f. à, p. în.
Huitième......... Tâmen, f. à, p. în.
Neuvième ....... Tàse‘, f. à, p. în.
Dixième.......... ‘àcher, f. à, p. în.

Au-dessus du dixième, les adjectifs numéraux ordinaux se traduisent par les noms de nombre cardinaux précédés de l'article.

Ex. : *el-ahdach* = le onzième.
*el-‘achrîn* = le vingtième.

## Noms de fractions

Demi, moitié...... Nos (1), p. ansâf.
Tiers............. Toult, p. etlât.
Quart............. Rebou‘, p. rebou‘ât.
Cinquième........ Kemous, p. ekmâs.
Sixième.......... Sedous, p. esdâs.
Septième......... Sebou‘, p. esbâ‘.
Huitième......... Temoun, p. etmân.

(1) Pour « nosf ».

Neuvième............ Tesou᷄, p. etsâ᷄.

Dixième............ ᷄Ochoûr, p. e᷄châr.

Au-dessus de 1/10ᵉ, on emploie une périphrase.

Ex. : *kams eshâm men tenachen sehm* = cinq parties de douze parties (c. à d. cinq douzièmes).

Au lieu du mot *sehm* (pl. *eshâm*), on peut faire usage de *jouz'* (pl. *ejzâ'*) qui signifie également « partie ».

## Principales prépositions

A, vers............ Li, le (1).

A cause de........ ᷄Ala kâter.

Après............. Ba᷄d.

Avant ............ Qobel.

A l'intérieur de.. . Dàkel.

Autour de........ Dâïr sâïr ᷄ala.

(1) On prononce toujours *le* devant l'article et les pronoms affixes.

Avec................. Ma‘, ma‘a. Bi, be (1).
A l'exception de.... Men rér. Men doûn.
Chez, auprès de ... ‘And.
Dans .............., Fy, fe (1).
De, par............. Men.
Devant............. Qoddâm.
Derrière............ Ourâ.
Entre............... Bîn.
Excepté........... Rér. Doûn.
Hors de........... Berrâ men. Kârej.
Jusqu'à........... Hatta.
Par (instrument).. Bi, be (2).
Par (direction)..... Men.
Sous.............. Taht.
Sur............... ‘Ala (3). Foûq.
Vers............. Ila (4).

---

(1) *Ma‘* marque l'accompagnement; *bi* indique l'instrument, le moyen, la manière. On prononce *be* et, plus bas, *fe* devant l'article.

(2) On prononce toujours *bi* devant les pronoms affixes, et *be* devant l'article.

(3) On prononce *‘ali* devant les pronoms affixes.

(4) On prononce *li* devant les pronoms affixes.

## Principales conjonctions

| | |
|---|---|
| Afin que......... | Bàch. Bâh. |
| Après que........ | Ba'd mâ. |
| Avant que........ | Qobel mâ. |
| Comme.......... | Kîf. Kîmâ (1). |
| C'est-à-dire...... | Ya'nî. |
| Et............... | Ou. |
| Lorsque......... | Kîf, kî. |
| Mais, cependant... | Lâken, oulàken. |
| Ni... ni......... | Lâ... là... |
| Ou.............. | Ouèllâ. |
| Parce que, car..... | 'Ala kâter. |
| Puisque......... | Kîf. |
| Que............. | Belly, elly. |
| Sans que........ | Blâ mâ. |
| Si.............. | Idâ. Loukân. |

## Principaux adverbes

| | |
|---|---|
| Ainsi........... | Hàkedâ. |
| Après-demain..... | Rér redouà. |
| Aujourd'hui...... | El-yoùm. |

(1) *Kîmâ* ne s'emploie pas devant les affixes.

| | |
|---|---|
| Aussi............ | Tânî. Eydan. Gânà. |
| Avant-hier........ | Ouwel el-bâréh. |
| Assez............ | Bâreka. |
| Beaucoup........ | Bezzâf. Belrâyà. Yâser. |
| Bien............ | Meléh. |
| Combien ?........ | Qaddâch. Qaddâh. |
| Comment ?........ | Kîfâch. Kîfâh. |
| Déjà............ | Ba'dâ. |
| Demain.......... | Redouà. |
| Derrière......... | Ourâ. Men ourâ. Mourâ. |
| Devant.......... | Qoddâm. |
| D'où ?........... | Men aïn. Menîn |
| En vain.......... | Bâtel. Be 'l-bâtel. |
| Hier............ | Ems. El-bâréh. |
| Ici............. | Henâ. |
| Jamais.......... | Abadan (1). |
| Là............. | Temma. |
| Là-bas......... | Henâk. El-héh. |
| Loin............ | Ba'îd. |
| Mal............ | Be 't-ta'ouîj. Doûnî. |
| Mieux.......... | Kér, keyr. |
| Moins.......... | Qoll. |
| Non........... | Lâ. Lâlâ. |
| Où. Où ?........ | Aïn. Ouaïn. |

(1) Dans une phrase négative.

Oui................ Ne‘am. Ih.

Parfaitement...... Souâ souâ,

Peut-être......... Ymken. Ouaqîla.

Plus............. Akter.

Peu, un peu....... Chouîyà.

Près............. Qerîb. Grîb.

Pourquoi...... ... ‘Alâch. Lâch. ‘Alâh. Lâh,

Souvent.......... Merrât ‘adîdât.

Tard............. Kî mecha ’l-hâl (1).

Tôt.............. Bekrî.

Toujours......... Dâïman. ‘Ala ’d-dîmà.

## Adjectifs usuels

Affamé .......... Jî‘ân, f. à, p. în (2).

Altéré.......... ‘Atchân, f. à, p. în.

Bas............. Ouatî, f, à, p. în.

Bon, beau ....... Meléh, f. à, p. melàh.

Court........... Qesér, f. à, p. qesàr.

Content......... Ferhân, f. à, p. în.

Difficile. ........ Sa‘îb, f. à, p. sa‘âb.

  — .......... Wâ‘er, f. à, p. în.

(1) Litt. « quand le temps est passé ».

(2) C'est à dire qu'il faut ajouter *à* pour for-mer le féminin, et *în* pour former le pluriel.

| | |
|---|---|
| Étroit ............. | Dayéq, f. à, p. în. |
| Facile ............. | Sàhel, f. à, p. în. |
| Fatigué ............. | ʿAyyàn, f. à, p. în. |
| Grand ............. | Kebîr, f. à, p. kebàr. |
| Gros ............. | Kechîn, f. à, p. kechàn. |
| Haut ............. | ʿAlî, f. à, p. în. |
| Laid ............. | Qebéh, f. à, p. qebâh. |
| Large ............. | ʿAréd, f. à, p. ʿarâd. |
| Léger ............. | Kefîf, f. à, p. kefâf. |
| Lourd ............. | Teqél, f. à, p. teqàl. |
| Long ............. | Touél, f. à, p. touàl. |
| Malade ............. | Meréd, f. à, p. merâd. |
| Mauvais ............. | Doùnî, f. à, p. în. |
| Nu ............. | ʿAryàn, f. à, p. în. |
| Plein ............. | Melyàn, f. à, p. în. |
| — ............. | Meʿammer, f. à, p. în. |
| Profond ............. | Râmeq, f. à, p. în. |
| Petit ............. | Serér, f. à, p. serâr. |
| Sain ............. | Sehéh, f. à, p. sehâh. |

## Adjectifs de couleurs

| | |
|---|---|
| Blanc ............. | Abyod, f. bîdâ, p. byod. |
| Bleu ............. | Azraq, f. zerqâ, p. zroq. |
| Blond ............. | Azʿar, f. zaʿrâ, p. zʿor. |

Brun ................. Asmer, f. semrâ, p. smor.
Jaune ............. Asfar, f. safrâ, p. sfor.
Noir ............... Akhal, f. kahlâ, p. khol.
Rouge ............. Ahmar, f. hamrâ, p. hmor.
Vert .............. Akdar, f. kadrâ, p. kdor.

## LES ALIMENTS.   EL-MAKLA.

Agneau ............. Keroûf, p. kerfân.
Beurre frais ........ Zebdà.
Beurre fondu ....... Semen.
Café ............... Qahouà.
Eau ............... Mà.
Fromage ........... Jeben.
Graisse ............ Cheham.
Graisse fondue ..... Dehen.
Huile ............. Zit.
Lait .............. Halîb.
Lait de beurre .... Leben.
Lapin ............. Gounînà, c. gounîn.
Lièvre ............ Arneb, p. arâneb.
Mouton ........... Kebch, p. kebâch.
OEuf ............. Ouled el-jâj. Bîd.
Pain ............. Koubz.
Poisson ........... Hoût.
Poivre ........... Felfel.

7

| | |
|---|---|
| Poule................ | Jâjà, c. jâj. |
| Riz................... | Roz. |
| Rôti................ | Mechouî. |
| Salade.............. | Chelâdà. |
| Sel................. | Melh. |
| Sucre.............. | Soukker. |
| Viande............. | Leham. |
| Viande de bœuf... | Leham begrî (1). |
| Viande de mouton. | Leham dâni (1). |
| Viande de porc.... | Leham el-halloûf. |
| Viande de veau.... | Leham el-oukrîf, |
| Vin................. | Cheràb. |
| Vinaigre.......... | Kell. |

| LES FRUITS. | EL-FOUAKÎ. |
|---|---|
| Abricot........... | Mechmâch (2). |
| Amande........... | Loûz. |
| Banane........... | Moûz. |

---

(1) Les mots *begrî* et *dânî* sont des adjectifs.

(2) Pour désigner un seul fruit, on met devant chacun des termes qui suivent, le mot *habbà* (= grain) ; ainsi l'on dit *habbà mechmâch* (= un abricot). On peut aussi ajouter *à* (mechmâchà).

| | |
|---|---|
| Cerise............. | Habb el-meloùk |
| Citron............ | Lìm qâres. |
| Coing............. | Seferjel. |
| Datte............. | Temer. |
| Figue............. | Kermoùs. Tîn. |
| Figue-fleur....... | Bâkoùr. |
| Figue de Barbarie. | Kermoùs en-nesâra. |
| Fruit............. | Fâkîà p. fouâkî. |
| Grenade.......... | Rommân. |
| Noix............. | Joùz. |
| Olive............ | Zîtoùn. |
| Orange........... | Chînà. |
| Pêche............ | Koùk. |
| Poire............ | Lenjàs. |
| Pomme........... | Teffàh, |
| Prune............ | ʿAïn. |
| Raisin frais....... | ʿAneb. |
| Raisin sec........ | Zebîb. |

| LES LÉGUMES | EL-KODAR |
|---|---|
| Ail............. | Toùm. |
| Artichaut........ | Gernoùn. |
| Asperge.......... | Sekkoùm. |
| Carotte.......... | Zeroùdîà. |

| | |
|---|---|
| Céleri.............. | Keráfes. |
| Chou............. | Krounb. |
| Chou-fleur........ | Floûr. |
| Citrouille......... | Kâboùyà. |
| Courge ........... | Geraˇ. |
| Cresson.......... | Gernoûnech. |
| Epinard........... | Sbinak. |
| Fève............. | Foûl. |
| Haricot........... | Loùbîà. |
| Lentille.......... | ʿAdes. |
| Melon............ | Bették. |
| Melon vert,....... | Feggoûs. |
| Navet............ | Left, |
| Oignon .......... | Besol. |
| Oseille........... | Hammâïdà. |
| Pastèque......... | Dellàʿ. |
| Petit pois........ | Jelbân. |
| Piment........... | Felfel. |
| Pois chiches....... | Hamos. |
| Pomme de terre... | Bâtâtà. |
| Radis............. | Mechtehî. Fejel. |
| Tomates ......... | Temàtech. |

| LA VILLE, LA CAMPA-GNE, L'HOMME ET LES ANIMAUX. | EL-MEDÎNA OU 'L·KELA OU 'R=RAJEL OU 'L-HAOUAÏCH (1). |
|---|---|
| Acier............... | Dekîr. |
| Air............... | Haouâ. |
| Ane ............... | Hemàr, p. hemîr. |
| Arbre ........... | Chejrà, p. chejoûr. |
| Argent (métal)... | Foddà. |
| Argent (monnayé). | Drâhem. |
| Armurier......... | Selâhjî, p. selâhjîà. |
| Assiette ......... | Tebsi, p. tebâsa. |
| Baïonnette....... | Harbà, c. hareb. |
| Balai........... | Mekensà. Mesalhà. |
| Balcon, galerie.... | Derboûz, p. derâbez. |
| Balle de plomb.... | Kourà mtâʿ er-resâs. |
| Barbe........... | Lahyà. |
| Bas............. | Cheqchîr, p. cheqâcher. |
| Bataille......... | Trâd. |
| Bœuf........... | Ferd, p. ferâd. |
| Botte (chaussure).. | Jezmà, c. jezem. Mest. |

(1) On doit, en arabe, placer la conjonction *ou* (= et) devant tous les termes d'une énumération à partir du second, qu'il y ait ou non la conjonction « et » en français.

Botte (faisceau).... Rebtà, c. rebot.
Bouc ............. 'Atroûs, p. 'atàres.
Bouche .......... Foum.
Boucher ......... Jezzâr, p. jezzârîn.
Boulanger ....... Kebbàz, p. kebbàzîn.
Bouteille ........ Qar'à.
Boutique ......... Hànoût, p. houànet.
Bouton .......... Qoflà, c. qefol.
Branche ......... 'Arî, p. a' ràî.
Bras............. Drà', p. droù'.
Brebis........... Na'jà, c. ne'âj.
Brosse .......... Chîtà.
Cabane .......... Gourbî, p. gràba. Newàlà.
Cabinet.......... Meqsoûrà, p, meqàser.
Cabinets d'aisance. Bît er-râhà. Bît el-mà.
Calotte .......... Chàchîà. p. chouàchî.
Canard .......... Beràkà, c. beràk.
Canon ........... Medfa', p. medàfa'.
Cap ............. Ràs, p. roûs.
Chacal........... Dîb, p. dîàb.
Chaise........... Koursî, p. keràsa.
Chambre......... Bît, p. bîoût.
Chameau......... Jemel, p. jemàl, c. ibel.
Chameau coureur.. Mehrî, p. mehàra.
Chapeau.......... Berrétà, p. beràret ou berràît.

| Chasse | Séyàdà. |
|---|---|
| Chat | Qatt, p. qetoût. |
| Chateau fort | Qsàr, p. qsoûr. |
| Cheminée | Medeknà, p. medâken. |
| Chemise | Qemîjà, p. qemâïj. |
| Chemise sans manches | Gandoùrà, p. genâder. |
| Cheval | 'Aoud. Hosân. c. Kêl. |
| Cheveu | Cha'rà, c. che'ar. |
| Chèvre | Ma'zà, c. ma'îz. |
| Chien | Kelb, p. kelâb. |
| Chienne | Kelbà, p. kelbât. |
| Ciel | Semà, p. semaouât. |
| Citadelle | Qasbà, p. qasbât. |
| Citerne | Mâjen, p. mouâjen. |
| Cœur | Qolb, p. qoloûb. |
| Col (géogr.) | Tenyà, p. tenâyâ. |
| Cordonnier | Meqfoûljî, p. meqfoûljîà. |
| Côte (du corps) | Dol'à, p. doloû'. |
| Côté (direction) | Jihà. |
| Côté (flanc) | Jenb, p. ejnâb. |
| Cou | Roqbà. |
| Cour | Wost ed-dâr (1). |
| Coq | Dîk. Serdoûk. |

(1) Litt. : le milieu de la maison.

| | |
|---|---|
| Cuivre............ | Nehâs. |
| Défilé........... | Fejj, p. fejoùj. |
| Dent............ | Sennà, p. esnân. |
| Descente......... | Hedoûrà. |
| Doigt........... | Sbo‘ , p. souâba‘ . |
| Dos............. | Dohr, p. dohoûr. |
| Écurie.......... | Makzen, p. mekâzen. |
| Enfant,.......... | Ouled, p. oulâd. |
| Épaule.......... | Kctf, p. ketâf. |
| Époux.......... | Zoùj. |
| Épouse ......... | Zoùjà. |
| Escalier......... | Droùj. |
| Est ............ | Cherq. |
| Étalon.......... | Fehal, p. fehoùl. |
| Étang........... | Redîr, p. redâïr. |
| Étoile.......... | Nejmà, p. nejoùm. |
| Femme.......... | Merà (1), p. nesâ. |
| Fer............. | Hadîd. |
| Feuille......... | Ouerqà, c. ouerq, p. ourâq. |
| Fille (f. de fils)... | Bent, p. benât. |
| Fille (f. de garçon). | Toflà, p. toflât. |
| Fils ........... | Ben, p. benîn. |
| Fleuve.......... | Neber, p. nehâr. |

(1) Avec les pronoms affixes, on prononce *merty, mertèk, mertho.*

| | |
|---|---|
| Fontaine............ | Sebbâlà, p. sebâbel. |
| Forêt............. | Râbà, p. rîeb. |
| Fourneau......... | Nâfek, p. nouâfek. |
| Fourmi .......... | Nemlà, c. nemel. |
| Frère............. | Koû, p. kaouà (1). |
| Fusil............. | Mekablà, p. mekâhel. |
| Galon............. | Cherét, p. chertân. |
| Garçon .......... | Tefol, p. tefâl. |
| Gardien.......... | ʿAssâs, p. ʿassâsîn. |
| Gilet ............ | Sodrîà. Beda ʿîà. |
| Gorge (géogr.)..... | Kengà, p. keneg. |
| Gosier........... | Halq, p. holoûq. |
| Grand-mère....... | Jeddà, p. jeddât. |
| Grand-père ....... | Jedd, p. jedoûd. |
| Hérisson.......... | Qenfoûd, p. qenâfed. |
| Homme........... | Rajel, p. rejâl. |
| Hyène............ | Deba ʿ, p. deboû ʿ. |
| Ile............... | Jezîrà, p. jezâïr. |
| Interprète........ | Terjmân, p. terjmânât. |
| Jambe............ | Sâq, p. sîqân. |
| Jument........... | Feres, p. efrâs. |
| Lac salé ......... | Sebkà, p. sebkât. |
| Lampe............ | Mesbâh, p. mesâbah. |

(1) Pour désigner les membres d'une confrérie, on emploie le pluriel *kouân*.

| | |
|---|---|
| Langue........... | Lesàn, p. lesoun. |
| Latrines.......... | Kenîf. Chîchmâ. |
| Lion............. | Seba', p. seboù'à. |
| Lit............. | Ferâch, p. ferâchât. |
| Lumière (source).. | Noùr, p. nouàr. |
| Lumière (clarté)... | Daou. |
| Lune............ | Qemar. |
| Main............ | Yèd. |
| Maison.......... | Dâr, p. diâr. |
| Mamelon......... | Koudià. |
| Mangeoire....... | Medoued, p. medàoued. |
| Mare. ......... | Geltà, c. gelet. |
| Marmite......... | Qodrà. p. qedoùr. |
| Mer............. | Behar, p. behoùr. |
| Mère........... | Oumm. p. oummehât. |
| Mois........... | Chehar, p. chehoùr. |
| Montée......... | 'Aqbà, p. 'aqbât. |
| Mouche......... | Debbânà, c. debban. |
| Moustache....... | Chelroùmà, p. chelârem. |
| Mule........... | Berlà, p. berlàt. |
| Mulet.......... | Berel, p. berâl. |
| Mur........... | Haït, p. hiyoùt. |
| Musette (de cheval). | 'Amârà, p. 'amâïr. |
| Nez............ | Nîf, p. onoùf. |
| Nom........... | Esm, p. esmâ, asâmî. |
| Nord........... | Joùf. |

| | |
|---|---|
| OEil................ | ʿAïn, p. ʿoyoûn. |
| Oie................ | Ouezzà, c. ouezz. |
| Ombre............ | Doll. |
| Oncle maternel.... | Kàl, p. kouàl. |
| Oncle paternel.... | ʿAmm, p. ʿomoùm. |
| Or................ | Deheb. |
| Oreille............ | Ouden, p. adàn. |
| Os................ | ʿAdom, p. ʿadàm. |
| Ouest............ | Rarb. Marreb. |
| Pantalon.......... | Scrouàl, p. seràouel. |
| Panthère.......... | Nemer, p. nemoûrà. |
| Pays.............. | Belàd, p. beldàn. |
| Peau ............. | Jeld, p. jeloùd. |
| Peigne............ | Mechtà, p. mechàtî. |
| Père.............. | Boû, p. abà. |
| Pied.............. | Rejel. Koraˇ, p. korʿân. |
| Pigeon............ | Hamàmà, c. hamàm. |
| Plafond, toit ..... | Seqof, p. seqoùf. |
| Plaine............ | Outà. |
| Planche.......... | Loûhà, c. loûh. |
| Plat, casserole.... | Tàjìn, p. touàjen. |
| Plomb............ | Resàs. |
| Pont.............. | Qanterà, p. qenàter. |
| Porc.............. | Halloûf, p. halàlef. |
| Port.............. | Mersa, p. meràsî. |

| | |
|---|---|
| Pou............... | Qamlà, c. qemel. |
| Poudre à canon.... | Bàroûd. |
| Poussière........ | Robâr. |
| Prairie........... | Merjà, p. meroûj. |
| Puce............. | Berroût, p. berâret. |
| Punaise.......... | Baqqà, c. baqq. |
| Puits............. | Bîr, p. bîâr. |
| — (dans le sud).. | Hasî, p. houâsî. |
| Racine........... | ʿArq, p. ʿoroûq. |
| Ravin............ | Chaʿbà, p. che âb. |
| Rempart......... | Soùr, p. soûâr. |
| Renard.......... | Taʿleb, p. teʿâleb. |
| Rivière.......... | Ouâd, p. ouîdân. |
| Rocher ......... | Kâf, p. kîfàn. |
| Sable........... | Remel. |
| Sabre........... | Sîf, p. sîoûf. |
| Sauterelle....... | Jerâdà, c. jerâd. |
| Savon .......... | Sâboûn. |
| Scorpion........ | ʿAqrèb, p. ʿaqâreb. |
| Serpent......... | Hanech, p. ahnâch. |
| Serrure......... | Qefol, p. aqfâl. |
| Serviette........ | Foûta, c. foût. |
| Singe........... | Châdî, p. chouâda. |
| Sœur........... | Okt, p. kouâtât. |
| Soleil.......... | Chems. — Gâïlà. |

| | |
|---|---|
| Soulier.............. | Sebbât, p. sebâbet. |
| Source.............. | ʿAïn, p. ʿoyoûn. |
| Souterrain.......... | Dâmoûs, p. douâmes. |
| Sud................ | Qeblà. |
| Taureau............ | Toûr, p. tîrân. |
| Ténèbres........... | Delâm. |
| Terrasse........... | Stâh, p. stoûh. |
| Terre (planète) :... | Ard. |
| Terre (substance).. | Teràb. |
| Tête............... | Râs, p. roûs, rîsân. |
| Tribunal........... | Mehakmà, p. mehâkem. |
| Troupeau.......... | Renem. |
| Turban............ | ʿAmâmà, p. ʿamâïm. |
| Vache............. | Begrà, p. begrât. |
| Veau ............. | Oukrîf, p. oukâref. |
| Ventre............ | Kerch, p. keroûch. |
| Verre à boire ..... | Kâs, p. kîsân. |
| Veste............. | Relîlà, p. relâïl. |
| Vipère............ | Lefʿà, p. lefâʿ. |
| Visage............ | Oujeh, p. oujoûh. |

**JOURS DE LA SEMAINE     EYYÂM EL-JEMʿA**

Dimanche........... Nehâr (1) el-ahad.

_____

(1) On peut substituer le mot *yoûm* au mot *nehâr*.

Lundi ............. Nehâr el-etnîn.
Mardi ............ Nehâr et-tlêtâ.
Mercredi........... Nehâr el-arba'â.
Jeudi.............. Nehâr el-kemîs.
Vendredi.......... Nehâr el-jem'à.
Samedi ........... Nehâr es-sebt.

| NOMS DES MOIS (1) | ASAMI 'CH-CHEHOUR |
|---|---|
| Janvier........... | Yennâr. |
| Février........... | Fouràr. |
| Mars ............. | Marres. |
| Avril............. | Ebrîl. |
| Mai.............. | Mayou. |
| Juin ............. | Youniou, youni, jouân. |
| Juillet........... | Youliou, youli. |
| Août ............ | Roucht. |
| Septembre....... | Settenber. |
| Octobre.......... | Oktouber. |
| Novembre........ | Nouenber. |
| Décembre........ | Dijenber. |

_____

(1) On désigne l'année par *senà* p. *senîn*, ou par *'âm*, p. *a'ouâm*.

## Verbes

Dans cette liste de verbes usuels, on a indiqué la 3e personne du parfait et la 3e personne de l'imparfait, à la suite l'une de l'autre. Pour former l'impératif, le lecteur n'aura qu'à supprimer le préfixe des 2es personnes de l'imparfait, en prenant soin de le remplacer par *e* si, après cette suppression, la consonne initiale n'est pas suivie d'une voyelle. — On a noté entre crochets la préposition avec laquelle le verbe se construit.

| | |
|---|---|
| Abandonner....... | Terek, ytrek. |
| Abîmer .......... | Fessed, yfessed. |
| Abîmer (s') ....... | Fesed, yfsed. |
| Aboyer .......... | Nebah, ynbah. |
| Abreuver ........ | Cherreb, ycherreb. |
| — ......... | Seqa, ysqi. |
| Absenter (s')... .. | Râb, yrîb. |
| Abstenir (s') ...... | Emtenaᶜ, ymtenaᶜ. |
| Accepter......... | Qobel, yqbel. |

| | |
|---|---|
| Accompagner ..... | Râfoq, yrâfoq. |
| — ..... | Soheb, ysheb. |
| Accoutumer (s')... | Tewellef, ytwellef. |
| Accrocher........ | ʿAlloq, yʿalloq. |
| — (s') [à]... | Teʿalloq, ytʿalloq [fy]. |
| Accuser.......... | Tehem, ythem. |
| Acheter.......... | Chera, ychrî. |
| Achever ......... | Kemmel, ykemmel. |
| Admirer........ | Estaʿjeb, ystaʿjeb [fy]. |
| Adorer .......... | ʿAbed, yaʿbed. |
| Affliger.......... | Hazzen, yhazzen. |
| — (s')........ | Hazen, yahzen. |
| Agiter........... | Harrek, yharrek. |
| Aider............ | ʿâouen, yʿâouen. |
| Aimer .......... | Habb, yhabb. |
| — .......... | Bera, ybrî. |
| Ajouter.......... | Zâd, yzîd. |
| Aligner.......... | Soffef, ysoffef. |
| Alléger ......... | Kaffef, ykaffef. |
| Aller ........... | Mecha, ymchî. |
| Allonger......... | Towwel, ytowwel. |
| Allumer ........ | Cheʿal, ychʿal. |
| — (s')....... | Encheʿal, yncheʿal. |
| Amasser......... | Lemm, ylemm. |
| Améliorer........ | Aslah. yaslah. |

Amener............... Jâb, yjib.

Appeler.............. ʿAyyot, yʿayyot [li].

—  ............... Zega, yzgi [li].

Apporter............ Jâb, yjib.

Apprendre (étudier) Teʿallem, ytʿallem [bi].

—  (enseigner) ʿAllem, yʿallem [bi].

—  (informer) Akber, yakber [bi, belly (1)].

—  (être informé) Semaʿ, ysmaʿ [bi, belly (1)].

Approcher.......... Qorreb, yqorreb.

—  (s') ...... Teqorreb, ytqorreb.

Appuyer [sur]..... Demek, ydmek [ʿala].

Arranger .......... Seggem, yseggem.

Arrêter (qqn) ..... Hakem, yahkem.

—  ............ Qobod, yqbod.

—  (un cheval) Habes, yahbes.

—  (s') ....... Ouqof, youqof.

Arriver............. Ousol, yousol.

—  (avoir lieu). Sàr, ysîr.

Assembler........ Jemaʿ, yjmaʿ.

Asseoir (s')........ Qaʿad, yqʿad.

Attacher........... Rebot, yrbot.

Attaquer.......... Hejem, yhjem [ʿala].

Atteindre........... Lehaq, ylhaq.

_____

(1) On emploie *bi* devant un substantif et *belly* devant un verbe.

| | |
|---|---|
| Attendre.............. | Estenna, ystenna [fy]. |
| — .............. | Sebor, ysbor ['ala]. |
| Augmenter............ | Ketter, yketter. |
| Avaler............... | Bela', ybla'. |
| — ............... | Serot, ysrot. |
| Baisser ............. | Nezzel, ynezzel. |
| — ............. | Hebbot, yhebbot. |
| — (se).......... | Tàbes, ytàbes. |
| — ............. | Tàtà, ytàtî. |
| Balayer............. | Kenes, yknes. |
| Bannir.............. | Nefa, ynfl. |
| Bàtir .............. | Bena, ybnî. |
| Battre ............. | Dorob, ydrob. |
| — (se).......... | Tedàreb, ytdàreb. |
| Besoin (avoir)...... | Estehaqq, ystehaqq [sans prép.]. |
| Blàmer ............. | Làm, yloùm. |
| Blesser ............. | Jerah, yjrah. |
| Blessé (être)........ | Enjerah, ynjerah. |
| Bloquer [une ville]. | Hasor, yahsor. |
| Boire............... | Chereb, ychreb. |
| Boucher ............ | Sedd, ysedd. |
| Bouillir............ | Rela, yrlî. |
| — (faire)...... | Rella, yrellî. |
| Brider [un cheval]. | Lejjem, ylejjem. |

| | |
|---|---|
| Brider [un mulet]. | Sorrem, ysorrem. |
| — [ld]..... | Chekkem, ychekkem. |
| Briller............ | Beraq. ybraq. |
| Briser............ | Kesser, ykesser. |
| Brosser.......... | Cheyyet, ycheyyet. |
| Broyer........... | Daqdaq. ydaqdaq. |
| Brûler........... | Haraq, yahraq. |
| — (se)........... | Haraq roûhbo. |
| Brûlé (être)....... | Enharaq, ynharaq. |
| Butter............ | 'Ater, ya'ter. |
| Cacher .......... | Kebba, ykebbî. |
| — (se)........ | Tekebba, ytkebba. |
| Calculer ......... | Haseb, yahseb. |
| Causer .......... | Qojem, yqjem. |
| Chagriner ....... | Rebben, yrebben. |
| — (se).... | Terebben, ytrebben. |
| Changer.......... | Beddel, ybeddel. |
| Changer [de l'argent]........... | Sarref, ysarref. |
| Chanter .......... | Renna, yrennî. |
| Charger [des bagages] ........... | Hammel, yhammel. |
| Charger [un fusil]. | 'Ammer, y'ammer. |
| Choisir .......... | Keyyer, ykeyyer. |
| Clouer........... | Semmer, ysemmer. |

| | |
|---|---|
| Coller .............. | Lassaq, ylassaq. |
| Commander ....... | Hakem, yahkem [ly]. |
| Commencer ....... | Beda, ybda. |
| Comprendre ...... | Felïem, yfhem. |
| Connaître ......... | 'Aref, ya'ref. |
| Consentir ......... | Reda, yrda. |
| Coucher (se) ...... | Reqod, yrqod. |
| Couper ........... | Qeta', yqta'. |
| Courir ........... | Jera, yjri. |
| Coûter ........... | Sewa, yswa. |
| Craindre ......... | Kâf, ykâf. |
| Creuser .......... | Hafer, yahfer. |
| Crier ............ | Zega, yzgi. |
| Cuire (faire) ...... | Tayyeb, ytayyeb. |
| Débattre (se) ..... | Tekobbot, ytkobbot. |
| Déchirer .......... | Cherreq, ycherreq. |
| Défendre ......... | Harrem, yharrem. |
| Déjeuner ......... | Teredda, ytredda. |
| Délivrer .......... | Serrah, yserrah. |
| Demeurer ........ | Seken, ysken. |
| Descendre ........ | Habot, yahbot. |
| —     [de che-val] ........... | Nezel, ynzel. |
| Désobéir ......... | 'Asa, ya'si. |
| Détacher ......... | Teloq, ytloq. |
| Devancer ......... | Sebaq, ysbaq. |

| | |
|---|---|
| Dîner. | Te'achcha, yt'achcha. |
| Dire | Qâl, yqoùl. |
| Diriger (se) | Tewejjah, ytwejjah. |
| Disperser | Chettet, ychettet. |
| Disputer (se) | Tedàoues, ytdàoues. |
| Donner | A'ta, ya'tî. |
| Dormir | Nàm, ynoùm. |
| Durer | Dâm, ydoùm. |
| Éclairer | Dawwa, ydawwî ['ala]. |
| Écorcher | Selak, yslak. |
| Écouter | Sonnet, ysonnet. |
| Écraser | 'Afes, ya'fes. |
| Écrire | Keteb, ykteb. |
| Effrayer | Fezza', yfezza'. |
| Égorger | Debah, ydbah. |
| Élargir | Wessa', ywessa'. |
| Emmener | Edda, yeddî. |
| Employer | Keddem, ykeddem. |
| Entendre | Sema', ysma'. |
| Entrer | Dekol, ydkol. |
| Envoyer | Resel, yrsel. |
| Espionner | Tejesses, ytjesses. |
| Éteindre | Etfa, yetfi. |
| Étudier | Te'allem, yt'allem. |
| Éveiller | Fetton, yfetton. |

Éveiller (s')........ Feton, yfton
Expliquer......... Fesser, yfesser.
Fâcher (se)........ Terechchech, ytrechchech.
Fatiguer (se)...... Ta'ab, yt'ab.
Fermer............ Reloq, yrloq.
Ferrer [un cheval]. Semmer, ysemmer.
Fier (se) [à]....... Ettekel, yettekel ['ala].
Finir............. Kallos, ykallos.
Frapper.......... Dorob, ydrob.
Fréquenter........ Kâlot, ykâlot.
Fuir............... Hereb, yhreb.
Fumer [du tabac].. Chereb, ychreb.
Gagner........... Rebah, yrbah.
Galoper.......... Denna, ydenni.
Garder .......... Hafod, yahfod.
Garrotter.. ...... Kettef, ykettef.
Glisser .......... Zeloq, yzloq.
Gonfler.......... Nefek, ynfek.
Goûter .......... Dâq, ydoûq.
Grouper ......... Jemma', yjemma'.
Guérir (actif)...... Chefa, ychfi.
— (neutre).... Bera, ybra.
Guetter.......... Qâra', yqâra'.
Habiller (s')....... Lebes, ylbes.
Habituer (s')...... Wâlef, ywâlef.

| | |
|---|---|
| Haïr................ | Kerah, ykrah. |
| Hâter (se)........... | Râouel, yrâouel. |
| Héberger............ | Dayyef, ydayyef. |
| Incendier............ | Haraq, yahraq. |
| Indiquer............ | Ourra, yourri. |
| Informer............ | Kebber, ykebber. |
| Inhumer............ | Defen, ydfen. |
| Injurier............ | Sebb, ysebb. |
| Inscrire............ | Jerred, yjerred. |
| Instruire............ | 'Allem, y allem. |
| Insurger (s').......... | Nâfoq, ynâfoq. |
| Interroger............ | Seqsa, yseqsî. |
| Interrompre.......... | Bottol, ybottol. |
| Introduire........... | Dekkol, ydekkol. |
| Jeter............... | Rema, yrmî. |
| Jouer.............. | Le'ab, yl'ab. |
| Jurer.............. | Halef, yahlef. |
| Labourer............ | Haret, yahret. |
| Laisser.............. | Kalla, ykallî. |
| Lasser.............. | 'Ayya, y ayyî. |
| Laver............... | Resel, yrsel. |
| Lever.............. | Refed, yrfed. |
| Lever (se).......... | Qâm, yqoûm. |
| Lire................ | Qera, yqra. |
| Manger............ | Kelâ, yâkoul. |

| | |
|---|---|
| Manquer............. | Kass, ykass. |
| Marcher ........... | Temechcha, ytmechcha. |
| Marier (se)......... | Tezawwej, ytzawwej. |
| Mêler ............. | Kallot, ykallot. |
| Mentir............. | Kedeb, ykdeb. |
| Mériter............ | Estâhel, ystâhel. |
| Mesurer ........... | Qâs, yqîs. |
| Moissonner ........ | Hasod, yahsod. |
| Monter ............ | Tela', ytla'. |
| — [à cheval]... | Rekeb, yrkeb. |
| — [une montre] | Dawwer, ydawwer. |
| Moucher (se)....... | Mekot, ymkot. |
| Mouiller........... | Chemmek, ychemmek. |
| Mourir ............ | Mât, ymoût. |
| Nager............. | 'Am, ya'oùm. |
| Nattre ............ | Zâd, yzîd. |
| Nettoyer........... | Neqqa, yneqqî. |
| Nier.............. | Neker, ynker. |
| Nouer............. | 'Aqed, ya'qed. |
| Nourrir............ | Oukkel, youkkel. |
| Noyer ............ | Rerroq, yrerroq. |
| — (se)......... | Reroq, yrroq. |
| Nuire ............ | Dorr, ydorr. |
| Obéir............. | Tâ', ytî'. |
| Obtenir........... | Nâl, ynâl. |

| | |
|---|---|
| Offrir............... | Qoddem, yqoddem. |
| Ordonner........... | Amer, yamer. |
| Oter............... | Nahha, ynahhî. |
| Oublier............ | Nesa, ynsa. |
| Ouvrir............. | Hall, yhall. |
| Paraître........... | Dehar, ydhar. |
| Pardonner......... | Semah, ysmah. |
| Parler............. | Tekellem, ytkellem. |
| Partager........... | Qesem, yqsem. |
| Partir............. | Râh, yroûh. |
| Passer............. | Jâz, yjoûz. |
| Payer.............. | Sellek, ysellek. |
| Penser............. | Kemmem, ykemmem. |
| Percer............. | Teqob, ytqob. |
| Perdre............. | Tellef, ytellef. |
| Permettre......... | Serrah, yserrah. |
| Peser.............. | Ouzen, youzen. |
| Placer............. | Hott, yhott. |
| Pleurer............ | Beka, ybkî. |
| Porter............. | Refed, yrfed. |
| Pouvoir............ | Qedor, yqdor. |
| — ,........... | Nejem, ynjem. |
| Préparer........... | Oujjed, youjjed. |
| Prêter............. | Sellef, ysellef [li]. |
| Promettre.......... | Wa'ad, ywa'ad. |

| | |
|---|---|
| Prouver ............. | Tebbet, ytebbet. |
| Raccourcir......... | Qosser, yqosser. |
| Raconter........... | Haka, yahki. |
| Rafraîchir.......... | Berred, yberred. |
| Rassasier.......... | Chebbaʿ, ychebbaʿ. |
| Rater [fusil].:..... | Betol, ybtol. |
| Recevoir........... | Qobel, yqbel. |
| Rechercher........ | Fettech, yfettech. |
| Reculer............ | Oukker, youkker. |
| Remplacer ........ | Kelef, yklef. |
| Remplir........... | ʿAmmer, yʿammer. |
| Remuer............ | Harrek, yharrek. |
| Rencontrer........ | Lâqa, ylâqî. |
| Répondre......... | Jâoueb, yjâoueb. |
| Respirer.......... | Teneffes, ytneffes. |
| Rester............ | Beqa, ybqa. |
| Revenir........... | Rejaʿ, yrjaʿ. |
| Rire.............. | Dahak, ydhak. |
| Ruer ............. | Sakk, ysakk. |
| Saisir ........... | Qobod, yqbod. |
| Salir ............ | Oussak, youssak. |
| Saluer............ | Sellem, ysellem [ʿala]. |
| Sauver........... | Sellek, ysellek. |
| Seller............ | Serrej, yserrej. |
| Sentir (flairer)..... | Chemm, ychemm. |

Sentir (éprouver) .. Hass, yhass.
Séparer............. Feroq, yfroq.
Servir.............. Kedem, ykdem.
Sortir............. Keroj, ykroj.
Souvenir (se)....... Chefa, ychfa.
Suffire............ Kefa, ykfi.
Suivre............. Tebbaᶜ, ytebbaᶜ.
Surveiller ........ ᶜAss, yᶜass [ᶜala].
Taire (se)......... Seket, ysket.
Tarder ............ Beta, ybta.
Témoigner ......... Chehed, ychhed.
Tendre............. Medd, ymedd.
Tenir.............. Chedd, ychedd.
Tirer.............. Jebed, yjbed.
Tomber............. Tâb, ytîh.
Tourner ........... Dâr, ydoùr.
Traduire........... Terjem, yterjem.
Trahir............. Kedaᶜ, ykdaᶜ.
Travailler ........ Kedem, ykdem.
Tromper ........... Rellot, yrellot.
Trotter............ Kazz, ykazz.
Trouver ........... Sâb, ysîb.
Tuer .............. Qetel, yqtel.
Unir .............. Jemaᶜ, yjmaᶜ.
Uriner ............ Bâl, yboûl.
Vaincre ........... Releb, yrleb.

Vendre .......... Bâ', ybî'.
Venir ........... Jâ, yjî.
Verser........... Kebb, ykebb.
Vêtir (se) ........ Lebes, ylbes.
Vider .......... Ferrar, yferrar.
Vivre............ 'âch, y'îch.
Voir............ Châf, ychoûf.
Voler (dérober).... Seraq, ysraq.
Voler (oiseau)..... Târ, ytîr.
Vouloir.......... Habb, yhabb.
—    ,.......... Bera, ybrî.
Voyager.......... Sâfer, ysâfer.

SALUTATIONS                    TAHÎYAT

Bonjour, Monsieur.  Sebâh el-kér yâ sîdy.

Bonjour, Messieurs  Sebahkoum be kér yâ sîâdy.

Que le salut soit sur  Es-selâm 'alîk !
vous !

Que sur vous soit  Ou 'alîk es-selâm !
le salut ! (1)

_____

(1) Cette formule sert de réponse à la précédente.

| | |
|---|---|
| Bonsoir, Monsieur. | Mesâ 'l-kér yâ sîdy. |
| Bonsoir, Messieurs. | Mesâkoum be kér yâ siâdy. |
| Comment vous portez-vous ? | Ouâch enta ouâch hâlek ? |
| Je vais bien ; et vous comment vous portez-vous ? | Rany be kér ou enta ouâch hâlek ? |
| Dieu soit loué de ce que je vous ai vu en bonne santé ! | El - hamdou - li 'llah elly chouftèk be kér ! |
| Comment va votre famille ? (1). | Ach hâl 'ayâlèk ? |
| Je suis un peu malade. | Rany mestemrod, |
| Je suis indisposé. | Mà neqdor chy chouîyà. |
| Qu'y a-t-il de nouveau ? | Ach kân ach mâ kân ? |
| Rien que le bien. | Rér el-kér. |

---

(1) On emploie cette formule pour demander des nouvelles de l'épouse d'un musulman : on ne doit pas, en parlant d'elle, prononcer un mot qui la désigne personnellement.

| | |
|---|---|
| Le bien est, le mal n'est pas. | El-kér kân, ech-cherr mâ kân. |
| Savez-vous parler français ? | Ta'ref chy tetkellem be 'l-fransîsà ? |
| Non, Monsieur. | Là là, yâ sîdy. |
| Savez-vous parler arabe ? | Ta'ref chy tetkellem be 'l-'arbîà. |
| Oui, Monsieur. | Ne'am sîdy (îh, yâ sîdy). |
| Si vous voulez, nous parlerons arabe ensemble, car je voudrais bien apprendre cette langue. | Idâ habbît, netkellemoû anâ ou iyâk (1) be 'l-'arbîà, 'ala kâter mâ dâ biya net'allem bi hâd el-lorà. |
| Très volontiers ! | Mâ 'alîh. |

(1) Litt. : moi et toi. Quand un verbe a pour sujets plusieurs pronoms, le premier seul doit être traduit par un pronom séparé ; les autres sont rendus par des pronoms affixes joints au mot *iyâ* qui n'est qu'un simple support. Il faut avoir soin de placer toujours les pronoms dans l'ordre numérique qu'ils reçoivent en français (1re, 2e, 3e pers.). Ex. : moi, toi, et lui = *anâ ou iyâk ou iyâh*. Le mot *iyâk* s'emploie aussi pour interroger ; il prend le sens de « n'est-ce pas ? ».

Ayez l'obligeance de parler doucement car je ne suis pas très exercé.

A‘mel ly mezîyà tetkellem be 's-sîyâsà ‘ala kâter mâ rany che châter bezzâf.

Répétez, je vous prie, ce mot ; je ne l'ai pas bien entendu.

‘àoued fy hâd el-kelmà, terbah ; anâ mâ sema‘thâ che meléh.

Au revoir, Monsieur (1).

Ebqa ‘ala kér, yâ sîdy.

Au revoir, Monsieur (1).

Emchi be 's-selàmà, yâ sîdy.

## LE DÉPART      ES-SEFER

Nous allons à...

Nemchiou le...

Où peut-on trouver des mulets ou des chevaux ?

Ouaïn yqdoroù ysîboù 'l-berâl ouèllà 'l-kêl ?

---

(1) La première de ces formules est prononcée par celui qui s'en va ; elle signifie littéralement « Reste sur le bien ! ». La seconde est employée par celui qui reste ; elle a le sens de « Va avec la paix ! ».

Nous voudrions des bêtes pour nous et pour nos bagages. — Nebriou 'z-zouâil li rouâhnâ ou le 'l-qochch mta'nâ.

Donne-moi un cheval qui ne bute pas et qui ne s'emballe pas. — A'tiny 'aoud mâ ya'ter chy ou mâ ykoûn chy harrân.

Combien demandes-tu pour une journée ? — Qaddàch tetlob menny (1) fe 'n-nehâr ?

C'est trop cher ; je connais le tarif de l'administration. — Râlî bezzàf. Anâ na'qel ta'rîf el-makzen.

Tu sais, dans le prix que je te donne, tout est compris. — Rak ta'ref, be 'l-qîmà 'lly na'tîhà lèk koull chy mekallos.

Tu viendras avec nous si tu veux, mais tu n'auras rien de plus. — Idà habbît, tejî ma'nâ, lâken mâ nezîd lèk hatta chy.

(1) Avec les pronoms affixes, la préposition *men* se prononce comme s'il y avait deux *n* : *menny, mennèk*, etc.

| | |
|---|---|
| Où réside l'administrateur ? | Ouaïn ysken el-hâkem ? |
| Où est le bureau arabe ? | Ouaïn rah el-birou ᶜarab ? |
| Conduis-nous. | Wessolnâ. |
| Charge les bagages sur le mulet, sur le chameau. | Hammel el-qochch ᶜala 'l-berel, ᶜala 'l-jemel. |
| Mets-les dans le sac de charge. | Dirho (1) fe 't-tellis. |
| Je crois que le bât blesse ta bête ; arrange-le. | ᶜAnd bâly 'l-berdaᶜà tedber zâïlétèk ; seggemhâ. |
| Tu n'as pas une autre selle ? Celle-ci est trop dure. | Kàn chy ᶜandek serj akor ? Hâdâ qâseh bezziyâdà. |
| Elle est bien vieille et bien sale ; mets | Houwa qedîm ou moussak yâser ; dir el-ferâchîa |

---

(1) Le mot *qochch* étant un collectif doit être représenté par un pronom du singulier.

9

| | |
|---|---|
| ma couverture dessus. Donne-moi ma sacoche et aide-moi à monter. | mtâ'y foûq menho, où hât jebîrety ou 'âouenny nerkeb. |
| Prends l'étrier de l'autre côté et tiens-le bien. | Ahkem er-rekàb men el-jihà 'l-okra ou cheddho meléh. |
| La bride du mulet (la bride du cheval) n'est pas solide. | Es-serîmà mâhy che sehéhà (el-lejâm mâh chy sehéh). |
| Où est le cavalier d'administration? | Ouaïn rah el-mekàzenî? |
| Hé! cavalier, marche en tête; tu nous guideras. | Yâ mekàzenî, etmechcha qoddâmnâ; enta tedellnâ. |
| Tout est prêt? Partons. | Koull chy ouâjed? Yà'llah neroûhoû (1). |

(1) La 1re pers. du pluriel manquant à l'impératif, on la rend par celle de l'imparfait devant laquelle on place l'exclamation *yâ 'llah* (= ô Dieu!).

| | |
|---|---|
| Marchons lentement au début. Tout-à-l'heure nous pourrons trotter ; mais nous ne galoperons pas. | Yâ 'llah netmechchaou bessiyâsà fe 'l-bedoû. Es-sâ'à nenjemoû nekezzoû ; lâken mâ nerâba 'oû che. |

## EN ROUTE — FE 'T-TRÊQ

| | |
|---|---|
| Où conduit cette route ? | Faïn tekroj hâd et-trêq ? |
| Peux-tu nous accompagner ? | Tenjem chy terâfoqnâ ? |
| Connais-tu bien le pays ? | Ta'qel chy 'l-belâd souâ souâ ? |
| Indique-moi un guide qui soit du pays ; et, s'il est possible, qui parle ou comprenne le français (l'arabe). | 'Ayyen ly wâhad ed-delîl oulîd el-belâd, ou idâ ensâb, ytkellem be'l-fran-sîsà (be 'l-'arbîà) ouéllà yfhembâ. |

Eh! l'homme, comment t'appelles-tu? Porte-moi mon manteau, mon sac et cette boîte.

Yâ rajel ouâch esmek? Erfed ly qobboûty ou (1) hîbety ou (1) hâd es-sandoûq.

Fais attention, ne la perds pas, ne la laisse pas tomber et surtout ne l'ouvre pas.

Rodd bâlek, lâ toudderho che ou lâ tetayyahho che ou belkesoûs lâ tehallho che.

Donne-moi une baguette pour toucher le mulet.

A'tiny mechhat bâch nesawwet el-berel.

Comment s'appelle ce village, ce douar?

Kîfâch ysemmiou hâd ed-dechrà, hâd ed-douâr?

C'est le chef du village qui vient à notre rencontre?

Iyâk, amîn ed-dechrà 'lly jâ ylâqînâ?

_____

(1) Dans une énumération, on doit placer la conjonction *ou* avant chaque terme à partir du second.

| | |
|---|---|
| De quelle tribu est-il ? | Achkoùn 'archho, houwa ? |
| Y a-t-il beaucoup d'habitants ? | Kân chy soukkân bezzâf ? |
| Où est la fontaine ? Y a-t-il un puits ? | Ouaïn rahy 's-sebbâlà ? Kân chy bîr ? |
| Va me chercher de l'eau propre pour boire. | Rouh tesqî ly 'l-mâ 's-sâfî bâch nechrob. |
| Fais boire les chevaux et les mulets. | Cherreb el-kêl ou 'l-berâl. |
| Aide-moi à descendre et arrêtons-nous un moment. | 'âouenny nenzel ou nou-qofoù chouîyâ. |
| Il y a de l'ombre ici ; asseyons-nous sous cet arbre. | Kâïn ed-doll henâ ; yâ 'llah neq'adoù taht hâd ech-chejrà. |
| Sommes-nous loin de.... | Ba'îd el-hâl mennâ (1) le.... |

---

(1) Abréviation de *men henâ.*

Combien y a-t-il à partir d'ici? à mulet? à cheval? à pied?

Qaddàch el-mechyà mennâ 'lhéh? ʿala 'l-berel ? ʿala 'l-ʿaoud? terràs? (1)

Il faut que nous y soyons ce soir avant la nuit.

Lâzem nekoûnoû temma hâd el-ʿachîyà qobel el-lîl.

Nous y passerons la nuit.

Nebàtoù temma.

Comment appelle-t-on en arabe cet objet, cet arbre, cette plante, cette bête ?

Kîfàch ysemmiou be 'l-arbîà hâd el-hâjà, hâd echchejrà, hâd en-ncbâtà, hâd el-hîouàn ?

Y a-t-il un marché ici ? Où se tient-il ? Quel jour ? Qu'est-ce qu'on y vend ?

Kân chy soûq henâ? Faïn moudoûʿ? Fâch men yoûm ?
Ach ybîʿoû fyh ?

Qu'est-ce que l'on cultive dans ce pays ?

Ach yfellehoû fy hâd el-belâd ?

(1) Litt. : piéton.

| | |
|---|---|
| Est-ce qu'il y a beaucoup de troupeaux ? | Kân chy renem yâser ? |
| Est-ce qu'on élève des mulets, des chevaux, des chameaux ? | Yrebbiou chy 'l-berâl ouêllâ 'l-kêl ouêllâ 'l-ba'îr ? |
| Quelle est cette rivière ? Sais-tu d'où elle vient ? | Ach ennho (1) hâd el-ouâd ? Ta'ref chy men aïn ynba' ? |
| Y a-t-il toujours de l'eau ? Est-ce qu'elle est bonne à boire ? | Kân chy 'l-mâ fyh dâïman ? Hâd el-mâ ynchereb chy ? |
| Prends-en un peu dans une outre. | Eddi chouîyà menho fy gerbà. |
| L'heure s'avance. J'ai peur que nous soyons en retard. | Râh el-hâl. Nekâf belly nousoloû ba'd el-woqt. |

_____

(1) Le mot *enn* signifie « certes »; c'est *inna* en arabe littéral. Il est fort peu usité dans le langage ; ici il est joint au pronom affixe.

| | |
|---|---|
| Le soleil va bientôt se coucher. | Ech-chems qerîb terreb. |
| Il fera clair de lune, ce soir. | El-qemar ydoui 'l-yoûm el-'achîyà, in châ 'llàh. |
| Quel est ce vent qui souffle ? | Ach ennho hâd er-rîh elly yhebb ? |
| C'est le vent du Sud. C'est le vent marin. C'est le vent du Nord. C'est le vent d'Ouest. C'est le vent d'Est. C'est le siroco. | Houwa 'l-qoblî. Houwa 'l-bahrî. Houwa 'l-joûfî. Houwa 'l-rarbî. Houwa 'ch-cherqî. Houwa 'ch-chehîlî. |
| Remettons-nous en route ! | Yâ'llah nezîdoù netmechchaou ! |
| Sais-tu comment se nomme cette montagne ? | Ta'ref chy kîfâch ysemmiou hâd el-jebel ? |
| Peut-on monter jusqu'au sommet ? Y a-t-il un sentier ? | Ynjemoù chy ytla'où hatta le râsho ? Kân chy mesreb ? |

| Voici une montée. Je voudrais mettre pied à terre et marcher à pied pendant un moment pour me réchauffer, car j'ai froid. | Hà hy ʿaqbà. Mà dâ biya (1) nenzel ou nemchî chouîyà terrâs bâch nesakken roûhy ʿala kâter rany berdân. |
|---|---|
| Par où passons-nous ? A droite ou à gauche ? | Men aïn (2) nejoûzoù ? ʿAla 'l-ymîn ouêllâ ʿala 'l-ysâr (ʿala 'ch-chemâl) ? |
| Allons tout droit. | Nemchiou qebàlà qebàlà. |
| Nous allons traverser ce torrent. | Derouoq neqṭaʿoù hâd es-sîl. |
| Ce ravin est profond. | Hâd ech-chaʿbà râmeqà. |
| Ce défilé est-il long ? Les rochers sont élevés. | Hâd el-fejj rah chy touél ? El-kîfân rahoum ʿalîn. |

---

(1) Litt. : combien cela est en moi ! On forme des expressions semblables avec tous les pronoms affixes (*mâ dâ bik*, *má dâ bih*, etc.).

(2) On prononce aussi *menîn*.

| | |
|---|---|
| Quel est ce col ? | Ach ennhà hâd et-tényà ? |
| Ramasse-moi cette pierre, cette plante. Cueille cette fleur très près de terre. | Erfed ly hâd el-hajrà, hâd en-nebâtà. Loqqot hâd en-nouwwârà ou aqtaᶜhâ ᶜala oujeh el-ard. |
| Sais-tu où se trouve le chott... En as-tu entendu parler ? | Taᶜref chy ouaïn moudoûᶜ chott... Semaᶜt chy bih ? |
| Est-il vrai qu'on y recueille du sel ? | Kàn chy 's-sahh belly ylemmoû fyh el-melh ? |
| Voici des traces d'animal. | Hâ hoû (1) ater hîouàn. |
| C'est une gazelle, sans doute. | Ouaqîla rezâl. |
| Y a-t-il des panthères dans le pays ? | Kàn chy nemoûrà fe 'l-belâd ? |
| Est-ce qu'on chasse beaucoup ? | Ystâdoû chy bezzâf ? |
| Y a-t-il du gibier ? | Kàn chy 's-séyâdà ? |

(1) Dans cette expression et dans quelques autres, le pronom *houwa* se prononce *hoû*.

Nous arrivons; on aperçoit des tentes et de la fumée.

Derouoq nousoloù; neqchaʿoù 'l-kiyem ou 'd-doukkân.

Va prévenir le chef du douar et dis à ces gens de rappeler leurs chiens.

Rouh tekebber rèïs ed-douàr ou qoul li hâd en-nâs yrejjaʿoù kelâbhoum.

### L'ARRIVÉE — EL-OUSOÛL

Les bêtes sont fatiguées.

El-behâïm ʿayaou.

Il faut les desseller tout de suite et décharger les mulets.

Lâzem ynahhiou lehoum bih fyh es-seroûj ou yqelʾoù 'l-qochch men el-berâl.

Conduis-nous à la maison des hôtes.

Wessolnâ le dàr ed-dîâf.

Dressez la tente ici; le sol est sec.

Edroboû 'l-kîmà henà ; etterâb yâbes.

Toi apporte un tapis et étends-le par terre.

Enta jib feràch ou ferrechho foûq el-qâʿà.

| | |
|---|---|
| Allume du feu; fais chauffer de l'eau dans une marmite. | Ech'al en-nâr ou sakken el-mâ fy qodrà. |
| L'eau est-elle bouillante ? | El-mâ yrlî chy ? |
| Toi, tu seras de garde cette nuit; c'est ton tour. | Enta te'ass fy hâd el-lîlà; jàt noûbetèk. |
| Éveille-moi demain matin au lever du soleil. | Fettonny redouà 's-sebâh kîf tetla' ech-chems. |
| Ne fais pas de bruit et laisse-moi dormir. | Là touâsî che 'l-hess ou kalliny nerqod. |
| Donne à manger aux bêtes. Y a-t-il de l'orge ? S'il n'y en a pas, il faut en acheter ? | 'Allef ez-zouâïl. Kân chy 'ch-cha'îr. Idâ mâ kân che, lâzem techrî. |
| Bonsoir, et à demain ! | Emsa 'ala kér; hatta le redouà ! |

# TABLE ALPHABÉTIQUE DES MATIÈRES

ALGER. — TYPOGRAPHIE AD. JOURDAN.

**BRESNIER**, ✻, ancien professeur d'arabe à la chaire publique d'Alger, etc., etc.

Chrestomathie arabe, *Lettres, actes et pièces diverses*, avec la traduction française en regard, accompagnée de notes et d'observations. 2e édition, 1 vol. in-8°.   **12** fr.

Anthologie arabe élémentaire, choix de maximes et de textes variés, la plupart inédits, accompagnée d'un *Vocabulaire arabe-français.* 1 fort vol. in-18.   **8** fr.

**CADOZ**, huissier à Mascara.

Alphabet arabe ou *éléments de la lecture et de l'écriture arabes.* In-18.   **80** cent.

Civilité musulmane ou *Mœurs, coutumes et usages des Arabes*, texte arabe de l'Imam Essoyouthi. 1 vol. in-18.   **1** fr. **80**

Le Secrétaire algérien ou le *Secrétaire français-arabe de l'Algérie*, contenant des modèles de lettres, etc. 1 vol. in-18.   **1** fr. **80**

**DELAPORTE**, ✻, ancien chef du bureau arabe départemental.

Guide de la conversation arabe-française avec le mot à mot et la prononciation interlinéaires figurés en caractères français ; 3e édition, 1 vol. in-8°, oblong.   **7** fr.

Cours de versions arabes (idiome d'Alger), divisé en deux parties : *Fables de Lokman*, avec le mot à mot et la prononciation interlinéaires figurés en caractères français ; *Fables choisies d'Ésope* ; 3e édition, 1 vol. in-8°.   **8** fr.

**DEPEILLE**, ancien directeur de l'école arabe-française.

Méthode de lecture et de prononciation arabes (Manuel). 1 vol.   **1** fr.

Les tableaux de la méthode de lecture et de prononciation arabes. Sept grands tableaux.   **3** fr.

**DUMONT**, ancien interprète de l'état-major général à Alger.

Guide de la lecture des manuscrits arabes. 1 vol. grand in-8° jésus.   **8** fr.

**HOUDAS et DELPHIN.**

Recueil de lettres arabes manuscrites. 1 vol. petit
in-4°, broché. **5** fr.

**MOTYLINSKI (A. de C.),** ✻, A. ☙, interprète militaire
au M'zab.

Le Djebel Nefousa (*ir'asra d'ibriden di drar n infousen*).
Relation en Temazirt du Djebel Nefousa, texte arabe.
1 vol. petit in-4°, cartonné. **3** fr. **50**

**TRUMELET, C.** ✻, colonel.

Bou-Farik. *Une page de l'histoire de la colonisation algé-*
*rienne*, 2° édition. 1 vol. grand in-18. **4** fr.

Blida. *Récits selon la légende, la tradition et l'histoire.*
2 vol. grand in-18. **7** fr.

L'Algérie légendaire. 1 vol. in-18. **4** fr.

**VILLOT, O.** ✻, ancien colonel.

Mœurs, Coutumes et institutions des Indigènes de
l'Algérie. 3° édition. 1 vol. in-18. **3** fr. **50**

**WAHL (Maurice),** ☙, et MOLINER-VIOLLE, ☙.

Géographie élémentaire de l'Algérie. 1 vol. in-32,
cartonné. **75** cent.

Atlas de la géographie élémentaire de l'Algérie.
1 vol. in-8°, oblong. **1** fr. **25**

Les deux ouvrages ci-dessus ensemble. **1** fr. **50**

**WAHL (Maurice),** professeur agrégé.

Cent lectures, morceaux choisis sur l'Algérie. 1 vol.
in-12, cartonné. **90** cent.

**ZEYS (E.),** ✻, ☙, et MOHAMMED OULD SIDI SAID.

Recueil d'actes judiciaires arabes, avec la traduction
française et des notes juridiques. 1 vol. petit in-8°,
relié percaline. **7** fr. **50**

www.ingramcontent.com/pod-product-compliance
Lightning Source LLC
Chambersburg PA
CBHW052356090426
42739CB00011B/2388